W0403005

Schirner Verlag

Prof. Dr. Kira Klenke

Endlich AUTOR!

Verblüffend schnell zum eigenen Sachbuch-Manuskript

Schirner Verlag

Dieses Buch enthält Verweise zu Webseiten, auf deren Inhalte der Verlag keinen Einfluss hat. Für diese Inhalte wird seitens des Verlages keine Gewähr übernommen. Für die Inhalte der verlinkten Seiten ist stets der jeweilige Anbieter oder Betreiber der Seiten verantwortlich.

Wir verzichten auf das Einschweißen unserer Bücher – **UNSERER UMWELT ZULIEBE!**

ISBN Printausgabe: 978-3-8434-1464-7
ISBN E-Book: 978-3-8434-6449-9

Prof. Dr. Kira Klenke:
Endlich Autor!
Verblüffend schnell zum eigenen Sachbuch-Manuskript
© 2021 Schirner Verlag, Darmstadt

Umschlag: Elena Lebsack, Schirner, unter Verwendung von # 753361672 (© Alexxndr), # 525995362 (© Peshkova), # 506824573 (© AnnyStudio) & # 1568365444 (© Mint Yaowarat), www.shutterstock.com
Layout: Elena Lebsack, Schirner
Lektorat: Kerstin Noack-Zakel & Bastian Rittinghaus, Schirner
Printed by: Ren Medien GmbH, Germany

www.schirner.com

1. Auflage Februar 2021

Alle Rechte der Verbreitung, auch durch Funk, Fernsehen und sonstige Kommunikationsmittel, fotomechanische oder vertonte Wiedergabe sowie des auszugsweisen Nachdrucks vorbehalten

Inhalt

Einführung

Viele Menschen träumen davon, Autor zu werden und ein eigenes Buch zu schreiben. Aber nur die allerwenigsten setzen diesen Wunsch tatsächlich um. Auch du träumst wahrscheinlich schon lange vom eigenen Buch. Vielleicht hast du schon öfter darüber nachgedacht, wie du das Buch aufbauen könntest und welche Inhalte es enthalten könnte, hast sogar schon einige Texte dafür geschrieben?

Dennoch kommt dein Buchprojekt nicht zum Abschluss. Du kommst irgendwie nicht weiter, kommst nicht so voran, wie du es dir erträumst. Immer wieder wirft das Leben, dein Alltag, dir Knüppel zwischen die Beine, und so vernachlässigst du dein Schreibprojekt, oder du verlierst es zwischenzeitlich sogar ganz aus den Augen.

Vielleicht hattest du schon eine Idee für einen Titel oder die Einleitung. Vielleicht hast du schon im Internet dafür recherchiert. Dabei hast du nicht gefunden, wonach du gesucht hattest. Oder es war umgekehrt: Da waren unerwartet viele spannende Artikel, die du unbedingt vor dem Schreibbeginn noch lesen wolltest. Vielleicht auch ganze Bücher – entweder zu deinem Thema oder zu dem Thema, wie man ein Buch schreibt. So hat es dann trotz guter Vorsätze nicht geklappt, mit dem Schreiben des Buches ernsthaft zu beginnen.

Oder vielleicht kennst du auch das: Wenn du dich endlich einmal diszipliniert an den Schreibtisch gesetzt hast, dann fühlte sich das gar nicht mehr so aufregend oder anregend an, wie es in deiner Vorstellung gewesen war. Und nachdem du es mit eiserner Dis-

ziplin geschafft hast, erste Seiten zu schreiben, merktest du, dass es doch wesentlich schwieriger ist als vorher gedacht. Plötzlich ist das Schreiben anstrengend geworden und eine lästige Pflicht. Vielleicht fallen dir in dem Zusammenhang auch unangenehme Erlebnisse aus deiner Schulzeit wieder ein. Rechtschreibung oder Grammatik waren noch nie so dein Ding.
All das kenne ich gut aus eigener Erfahrung. Das hat auch mich Jahre, sogar Jahrzehnte, davon abgehalten, endlich konsequent mein erstes Buch fertig zu schreiben. Und das, obwohl ich, schon seitdem ich 17 Jahre alt war, davon geträumt hatte, Bücher zu schreiben.
Ich habe schon immer viel geschrieben. Im Laufe der Jahre sind Umzugskartons voll mit Getextetem und viele Buchideen entstanden. Aber ich habe dabei dann auch den Überblick verloren, die Idee vom eigenen Buch wurde unbezwingbar groß, und mein Vorhaben erschien mir nicht zu bewältigen.
Für mich platzte der Knoten buchstäblich von einem Tag auf den anderen. Schlagartig, sobald ich erkannt hatte, dass vieles von dem, was ich so viele Jahre über das Bücherschreiben zu wissen geglaubt hatte, nicht wahr ist. Nachdem ich begriffen hatte, dass (und wie) das Konzipieren und Schreiben von Büchern schnell gehen und spielerisch leicht sein kann, entstand mein erstes (und später auf dem Markt auch erfolgreiches) Buch innerhalb von wenigen Wochen. Die Details dieses Schlüsselerlebnisses erzähle ich dir später im Kapitel *Schreiben in der Genialitätszone: Spielerisch leicht erfolgreich texten.*

Du arbeitest als Coach oder Yogalehrer, als Heiler, Heilpraktiker, Berater oder Trainer? Und du wünschst dir, mit deinem Knowhow und dem, was du anderen geben kannst, mehr Menschen zu erreichen als bisher? Mit einem eigenen Buch zu deinem Thema

hast du die Möglichkeit, viel mehr Interessierte anzusprechen, um sie detailliert anzuleiten und ihnen weiterzuhelfen.
Denn du hast eine Message, sonst würdest du dieses Buch nicht lesen. Für mich steht ebenso fest, dass es Menschen gibt, die dein Buch dringend brauchen. Deshalb: Bitte stehe zu dem, was dich begeistert und was du für so wichtig hältst, dass du darüber schreiben möchtest.
Vielleicht ist dein Traum vom eigenen Buch bisher noch vage, vielleicht hast du schon eine konkrete Idee, aber es ist dir bisher nicht gelungen, den entscheidenden Schritt zu tun. Eventuell hast du sogar schon mit dem Schreiben begonnen, aber dann fehlte es dir an der notwendigen Durchhaltekraft, oder die Motivation hat wieder nachgelassen. Ganz gleich, an welchem Punkt du gerade stehst – dieses Buch wird dir weiterhelfen.
Hier erfährst du, wie es möglich ist, innerhalb kürzester Zeit unkompliziert, mühelos und zugleich effektiv die Rohfassung eines originellen und überzeugenden Buches anzufertigen. Du wirst eine neue Einstellung zum Schreiben finden und mithilfe der Schreibimpulse deine spezielle Message entdecken, deine Schreibstimme und deinen eigenen Stil. Dein Buchprojekt wird dabei so in Schwung kommen, dass es dann nicht mehr aufzuhalten ist.
Es gibt Menschen, die werden erst durch dich, durch deine spezielle Art, die Welt zu sehen, Wissen zu vermitteln und Zusammenhänge aufzuzeigen, ihren Zugang zu dem Thema finden. Es gibt Menschen, die werden etwas erst mithilfe deines Buches endlich verstehen und lernen können, denn sie benötigen genau deinen Stil.

- Welche Buchidee existiert bis jetzt lediglich in deinem Kopf?
- Gibt es Buchprojekte, die du schon begonnen, aber nie zu Ende gebracht hast?
- Worüber könntest du dich stundenlang unterhalten?

TIPP:

Mache dieses Buch zu deinem Werkzeugkasten
Ich empfehle dir, während du das Buch liest, einen Textmarker zu benutzen. Markiere Sätze oder Ideen, die dich spontan ansprechen oder inspirieren. Achte beim Lesen darauf, welche Sätze und Konzepte dich aufatmen lassen und dich ermutigen. Das sind Schlüssel, die dir helfen können, den bisher noch gefesselten Autor in dir zu befreien.

WICHTIG:

Das findest du nicht in diesem Buch
Dieses Buch ist keine Stil-Fibel. Hier geht es nicht um Regeln für eine gute Schreibe oder »Deutsch für Profis«. Ebenso geht es hier nicht um das Publizieren oder das Vermarkten von Büchern.

TEIL 1: Eine neue EINSTELLUNG zum Schreiben

Mache deinen TRAUM vom eigenen Buch endlich wahr

Nie zuvor war es so leicht, ein eigenes Buch zu publizieren

In den 1970er-Jahren schrieb ich meine Diplomarbeit in Mathematik, sie war 84 Seiten lang. Es gab damals noch keine PCs und auch keine Schreibprogramme. Ich habe sie händisch auf der alten Schreibmaschine meiner Mutter getippt und war dabei froh, dass es Korrekturflüssigkeit gab. Die half aber nur bei kleineren Korrekturen. Bei vielen Verschreibern oder, wenn sich ein größerer Fehler eingeschlichen hatte, war die einzige Lösung, die ganze Seite neu zu tippen.

Bei den Recherchen in der Unibibliothek kopierte ich relevante Inhalte handschriftlich. Heute recherchiere ich mit dem Tablet auf dem Schoß bequem zu Hause auf der Couch. Artikel, die mir wichtig erscheinen, speichere ich dabei ruckzuck für eine spätere Verwendung ab.

Es ist noch nicht lange her, da mussten Autoren, die ihre Bücher selbst verlegen wollten, den Druck von Tausenden Exemplaren vorfinanzieren. Sie mussten diese Berge von Büchern irgendwo selbst lagern und natürlich auch selbst ausliefern, wenn sie eines verkauft hatten.

Heute gibt es zahlreiche Self-Publishing-Plattformen, über die du dein Buch veröffentlichen kannst, wenn du nicht zu einem klassischen Verlag gehen möchtest. In der Regel werden dann nur Einzelexemplare nach Bedarf gedruckt und automatisch an die Kunden ausgeliefert. Du brauchst dafür im Prinzip lediglich ein Schreibprogramm.

Warum gerade du ein Buch schreiben solltest

Deine speziellen Interessen und Talente, dein Fachwissen und das, was du damit in der Praxis erlebt hast, sind in Verbindung mit deiner persönlichen Sicht und Einschätzung einzigartig. Denn du bist einzigartig. Mit dem, wer du bist und was du weißt, kannst du andere Menschen inspirieren, und du kannst damit etwas bewegen in dieser Welt.
Im Mindmap auf der nächsten Seite findest du auf einen Blick viele gute Gründe, warum es Sinn ergibt, dass du als Experte oder Expertin auf deinem Gebiet ein Buch schreibst. Nutze sie als Motivationsquelle, um dein Vorhaben endlich in die Tat umzusetzen.

Mit einem eigenen Buch hast du die Möglichkeit, mit deinem Expertenwissen, mit deiner Erfahrung und mit deiner Einzigartigkeit viel mehr Menschen zu erreichen, als es dir sonst möglich wäre. Du hilfst deinen Lesern und Leserinnen weiter, ohne dass sie ein teures Seminar besuchen müssen. Wobei es durchaus wahrscheinlich ist, dass manche, nachdem sie dein Buch gelesen (und vielleicht sogar verschlungen) haben, den Wunsch verspüren, dich nun auch persönlich als Experten oder Wegbegleiter bzw. Expertin oder Wegbegleiterin kennenzulernen.
»Ach, es interessiert doch eh keinen, was ich schreibe«, meldet sich vielleicht jetzt schon dein innerer Kritiker zu Wort. »Und Fachbücher zu dem Thema gibt es ohnehin schon so viele.« Vielleicht hat er damit sogar recht. Vielleicht existieren schon etliche Titel genau zu dem Thema, für das du Experte oder Expertin bist. Aber du und das, was du erlebt hast, das, was du in deiner Einzigartigkeit erlernt und erfahren hast, das findet sich in keinem anderen Buch. Deine persönliche Erfahrung, deine Message und

deine Begeisterung für das Thema werden auf den Leser überspringen. Garantiert.
Wenn du dein Manuskript so aufsetzt, wie es im zweiten Teil dieses Buches Schritt für Schritt angeleitet wird, wirst du vermutlich sogar dich selbst im Schreibprozess immer wieder überraschen.
So geht es mir beim kreativ-intuitiven Schreiben, das ich seit über 30 Jahren kenne und schätze, bis heute. Mit diesem Buch möchte ich dazu beitragen, dass mehr Menschen, mehr Fachleute, mehr Expertinnen diese Art des Schreibens nutzen, um ihren einzigartigen Ratgeber zu kreieren und in die Welt zu bringen.

Gute Gründe, ein Buch zu schreiben
im Innen
Klarheit über eigenes Wissen und Berufserfahrung gewinnen
eigenes Wissen und Erfahrungen strukturieren, den roten Faden finden
sich (zeit-)intensiv mit etwas beschäftigen, was einen begeistert (»Flow«)
Fach- und Schreibwissen erweitern
Freude am Schreiben und Unterrichten
Selbstbewusstsein steigern
im Außen
mehr Menschen erreichen
Know-how vermitteln
etwas bewegen in der Welt
Standing als Experte
als Experte bekannt(er) werden
Interessenten finden für …
Vorträge
Einzelberatungen
Seminare
Fachwissen
Expertenstatus auf- und ausbauen
Themen für Vorträge, Artikel, Videos, Podcasts, Seminare etc. sammeln
vielfältiges Wissen und Erfahrungen an einer Stelle zusammentragen

Anders SCHREIBEN als bisher

Zwei grundlegend verschiedene Arten, zu denken und zu schreiben

In seinem Bestseller *Schnelles Denken, langsames Denken** hat der Psychologe und Hochschullehrer Daniel Kahneman zwei unterschiedliche Arten des menschlichen Denkens beschrieben und durchleuchtet: das schnelle und das langsame Denken. Ebenso gibt es auch zwei unterschiedliche Arten, Texte zu verfassen: das schnelle und das langsame Schreiben.
Bevor wir in die Theorie einsteigen, möchte ich dich zu einem kleinen Experiment einladen. Betrachte die folgenden zwei Abbildungen, und beantworte die dazugehörigen Fragen (kurz) für dich.
Was geschieht, wenn du dieses Bild anschaust?

* Kahneman, D.: Schnelles Denken, langsames Denken. München: Pantheon 2014.

Nun betrachte diese Abbildung. Was löst sie in dir aus?

15 x 19 = ?

Was hast du beim Betrachten der Bilder gedacht, und was war deine Reaktion darauf?
Reaktionen, die typischerweise beim Betrachten des ersten Bildes ausgelöst werden, sind zum Beispiel leichte Anspannung im Schulterbereich oder eine innere Abwehr. Oder der Betrachter hat sofort eine Interpretation im Kopf: Für manche greift dieser Mann an, ist aggressiv, für andere verteidigt er sich.
Die Reaktion des Betrachters, welcher Art sie auch immer sein mag, entsteht blitzschnell und automatisch. Er hat keinen Einfluss

darauf. Das ist ein Beispiel für den schnellen Denkmodus: Da geht alles ruckzuck. Es erfordert keinerlei bewussten mentalen Aufwand, eine Reaktion zu erzeugen.
Das zweite »Bild« triggert dagegen den langsamen Denkmodus. Reaktionen, die hier ausgelöst werden, sind zum Beispiel die Lösung der Aufgabe (ja, das geht im Kopf, aber kostet eine gewisse Anstrengung), der Griff zum Taschenrechner oder ein Gedanke wie: »Nee, das berechne ich aber jetzt nicht!«
Hier wird bewusst eine Entscheidung getroffen, entweder die Aufgabe zu lösen (und wie) oder die Antwort zu verweigern. Wir haben die Kontrolle darüber, wie wir reagieren, aber es kostet uns auch eine gewisse Anstrengung.

Langsames Denken und Schreiben vs. schnelles Denken und Schreiben

Das analytisch-rationale Denken bezeichnet Kahneman als »langsames Denken«. Es ist das schlussfolgernde Überlegen, das wir bewusst kontrollieren (können). Dabei tragen wir in der Regel möglichst viele Fakten zusammen, die wir dann bewerten und gegeneinander abwägen. Wir analysieren systematisch und detailliert. Das schnelle, intuitive Denken hingegen erfolgt automatisch, wir können es nicht bewusst kontrollieren oder mental steuern. Blitzschnell werden am rationalen Verstand vorbei Schlussfolgerungen gezogen und auch kreative Lösungen gefunden. Diese sind spontane Eingebungen oder Gedanken mit starkem Bezug zum Bauchgefühl. Hier ist entscheidend, ob sich etwas »richtig« anfühlt. Das passiert automatisch und ohne bewusste mentale Anstrengung.
Beim intuitiven Denken und Schreiben wird eine Situation, ein Thema, ein Projekt, an dem man gerade arbeitet, ganzheitlich betrachtet. Es wird nicht in seine Einzelteile zerlegt und detailliert analysiert. Die Ergebnisse und Erkenntnisse sind intuitive Eingebungen. Es entsteht eine stimmige Geschichte.
Studien* haben ergeben, dass das schnelle, intuitive Denken zu erstaunlich akkuraten Ergebnissen führen kann. Die Voraussetzung dafür ist jedoch ein gewisses Maß an bereits vorher existierendem Fakten- und Fachwissen. Das gleiche Prinzip wirkt beim intuitiven Schreiben. An unseren Schulen und Hochschulen wird diese Art des Denkens und Schreibens leider (meist) nicht vermittelt, denn sie widerspricht der wissenschaftlichen Denk- und Arbeitsweise. Die Studien haben jedoch gezeigt, dass beim intuitiven Denken sehr viele unterschiedliche Informationen gleichzeitig verarbeitet werden, in einem Ausmaß, wie es uns beim rational-analytischen Denken nicht möglich ist.

---

* Kump, B.: Komplexe Entscheidungssituationen intuitiv beurteilen, rational begründen. wissens.blitz 178/2017, wissensdialoge.de.

Welche Vorteile es hat, beim Schreiben das schnelle Denken zu nutzen

Das detailgenaue, analytisch-rationale Denken und Schreiben ist zeitaufwendig, und es kostet Kraft. Das intuitiv-kreative Denken und Schreiben bringt im Vergleich dazu verblüffend schnell gute Resultate hervor. Und das, ohne dass wir uns (auf herkömmliche Weise) anstrengen müssten. Ein Manuskript zu konzipieren und zu schreiben, wird so erstaunlich mühelos. Es geht mit etwas Übung leicht und ist dennoch effektiv.
Zu den »Wundern« des intuitiv-kreativen Denkens gehört die Fähigkeit, auch komplexe Muster im Bruchteil von Sekunden zu durchschauen und bemerkenswert schnell angemessene Lösungen für Herausforderungen zu entwickeln. Beim intuitiven Denkprozess wird aus allen bekannten Informationen zum Thema das zugrunde liegende Muster entschlüsselt und mithilfe aller verfügbaren Informationen ein schlüssiges Konzept entwickelt. Dies setzt allerdings ein fundiertes Fachwissen und detaillierte Kenntnisse des Themas voraus. Erst dann kann ein Autor das kreative, spielerisch-intuitive Denken effektiv und kompetent für das Schreiben eines Fachartikels oder eines Fachbuches einsetzen.
Herkömmlicherweise werden Fachbücher so geschrieben, dass mit rationalem Verstand Pro und Kontra aller Details gegeneinander abgewogen werden. Dann werden einzelne Fakten kombiniert und logisch miteinander verbunden. Diese Art, eine Argumentationskette zu entwickeln und Texte zu verfassen, ist aufwendig. Sie ist auch mühsam, weil häufig die Pro- und Kontra-Abwägungen nicht ganz eindeutig sind.
Beim langsamen Denken und Verfassen von Texten geht es immer darum, zu bewerten. Zum Beispiel überlegen wir dann: »Passt diese Information in meinen Ratgeber? Oder wäre eine andere besser?« Es geht darum, abzuwägen: »Ist dies besser oder dies? Ist das

schlechter als etwas anderes?« Natürlich ist dann auch der Gedanke naheliegend: »Ist meine Arbeit, mein Text wirklich eine Verbesserung im Vergleich zu dem, was es bisher schon gibt?« Oder: »Ist meine Art der Argumentation und Formulierung vielleicht sogar schlechter?« Dieses ständige Bewerten sowohl der Fakten als auch der eigenen Arbeit als Autor kostet viel Kraft.

Im Gegensatz dazu steht der innovative Ansatz des amerikanischen Autoren-Coaches Tom Bird, der angehende Autoren das Schnellschreiben lehrt. In seinen Seminaren schreiben sie innerhalb nur weniger Tage die Rohfassung eines ganzen Buches. Das gelingt tatsächlich, ich habe es selbst als Seminarteilnehmerin miterlebt. Das Geheimnis seines Ansatzes besteht unter anderem darin, dass die Autoren so schnell wie nur irgend möglich schreiben.

In seinem Buch *You Can … Write Your Book In A Weekend*[*] begründet Tom Bird das damit, dass es bei einem wirklich schnellen Schreibtempo nicht mehr möglich ist, parallel nachzudenken. Angemessen schnell bedeutet laut ihm, mindestens 400 Wörter pro Viertelstunde zu schreiben. Sobald das Schreibtempo unter 300 Wörter pro Viertelstunde fällt, ist dies für Bird ein sicherer Indikator, dass das herkömmliche, kontrollierende Denken wieder das Ruder übernommen hat. In dem Fall empfiehlt er, eine Pause einzulegen, etwas zu trinken und ein wenig zu essen, kurz den Körper zu bewegen und vor allem bewusst tief(er) zu atmen. Das schnelle Schreibtempo, bei dem einfach unzensiert alles zu Papier gebracht wird, was immer einem durch den Kopf geht, garantiert, dass ein Text aus dem automatischen, intuitiven Denken entsteht und nicht aus dem rational-analytischen.

Auch Doris Dörrie rät in ihrem Buch *Leben, schreiben, atmen*[**], beherzt loszuschreiben, ohne viel darüber nachzudenken, was

---

* Bird, T.: You Can … Write Your Book in a Weekend – Secrets behind this proven, life changing, truly unique, inside-out approach. Sedona, USA: Sojourn 2013.

** Dörrie, D.: Leben, schreiben, atmen – Eine Einladung zum Schreiben. Zürich: Diogenes 2019.

man zu Papier bringen möchte. Für sie ist das der Schlüssel zu inspiriertem Schreiben. Sie warnt davor, dass durch viel Nachdenken über den Text der Schreibfluss ausgebremst wird.

Das schnelle Schreiben muss man üben

Um das schnelle Schreiben anwenden zu können, solltest du es bewusst einüben. Es kommt dabei weder (wie manche Menschen glauben) auf eine bestimmte Technik an noch auf ein besonders schnell denkendes Gehirn. Es geht hierbei hauptsächlich darum, den intuitiven Impulsen und dem Schreibfluss vertrauen zu lernen. Am wichtigsten ist, die mentale Kontrolle loszulassen und dem Impuls, das, was aufs Papier will, steuern zu wollen, nicht nachzugeben. Und das ist – wie vieles im Leben – reine Übungssache.
Wenn du dieses Buch liest und den Wunsch hast oder die Sehnsucht verspürst, ein eigenes Buch zu schreiben, dann gib bitte dem schnellen Denken und Schreiben eine Chance. Probiere es aus!

Verschiedene Ebenen des Schreibens

Zu schreiben, bedeutet mehr als nur, über etwas nachzudenken. Tatsächlich sind beim Schreiben mehrere Ebenen beteiligt, und auf jeder dieser Ebenen kann unser Schreibfluss gehemmt oder auch blockiert werden. Es ist jedoch auch auf jeder dieser Ebenen möglich, die Umstände so zu gestalten, dass der Schreibprozess dadurch leichter wird.

Mentale Ebene

Schreiben ist eine geistige Tätigkeit, würden wohl die meisten Menschen sagen. Es stimmt, das Wesentliche beim Schreiben findet in unserem Kopf statt. Das ist auch der Grund, warum die Schreibtipps in diesem Buch hauptsächlich auf dieser Ebene ansetzen. Eine Schwierigkeit beim Schreiben sind alte Überzeugungen und Konzepte, die ebenfalls in diesem geistigen Arbeitsraum leben.

Unser Anspruch, korrekt zu schreiben und gut zu formulieren

Beim Schreiben erinnern sich viele Menschen an alte Erfahrungen aus ihrer Schulzeit: Schlechte Deutschnoten zum Beispiel oder eine abwertende Bemerkung des Lehrers über einen Ferienaufsatz, der durchaus lebendig und unterhaltsam geschrieben war, aber grammatikalisch nicht korrekt. Uns fallen mit roten Anmerkungen eines Lehrers übersäte Texte wieder ein. Vielleicht gehörst du zu den Menschen, die sich in Grammatik, korrekter Rechtschreibung und Zeichensetzung nicht sicher fühlen?

Ich kann dich beruhigen. Denn dafür gibt es zum einen Rechtschreibprüfungsprogramme, und zum anderen kannst du diese Art der Textkorrektur später outsourcen. Geeignete Dienstleister findest du im Web zum Beispiel bei www.lektoren.de. Wenn du Englisch verstehst, solltest du dir Fiverr.com anschauen, einen amerikanischen Online-Marketplace für digitale (auch deutsche!) Dienstleistungen, der für seine günstigen Preise bekannt ist. Ein Lektorat deines Buches ist unerlässlich, wenn du dich für das Self-Publishing entscheidest. Wird dein Manuskript bei einem Verlag veröffentlicht, müssen Rechtschreibung etc. nicht ganz perfekt sein, denn sie werden dort noch einmal korrigiert.

Die Herausforderung, an deinem Buch kontinuierlich weiterzuarbeiten

Das Schreiben eines Buches erfordert neben all deiner Motivation und Begeisterung für das Projekt auch Disziplin, Willenskraft und Durchhaltevermögen. Auch hier stehen uns häufig alte Glaubenssätze im Weg, wie: »Ich schaffe das nie!« – »Ich bin zu faul, um das durchzuhalten.« – »Ich bin nicht schlau genug dafür.« – »Mir fehlt Wissen, fachlich und auch schreibtechnisch.« – »Es gibt andere, die können das viel besser als ich.« – »Ich habe nicht die nötige Zeit dafür.« – »Ich bin schon zu alt für so einen Traum« oder »Ich bin noch zu jung und zu unerfahren.«

Auch hier kann ich dich beruhigen: Beim intuitiven Schreiben, so, wie ich es hier empfehle und anleite, werden alle deine inneren Kritikerstimmen berücksichtigt. Denn die werden im Schreibfluss automatisch freigesetzt und auch besänftigt – ganz nebenbei, wenn du weißt, wie.

Hilfreich ist es dafür, eine kraftvolle neue Überzeugung, die dir Mut gibt und dich anspornt, zu überlegen und aufzuschreiben. Lies diesen Kraftsatz oder sprich ihn laut aus, bevor du dich ans

Schreiben setzt. Zum Beispiel: »**Ich bin bereit, mein Wissen, meine Weisheit, meine Erfahrungen und die Wahrheit meines Herzens mit anderen zu teilen. Ich weiß, es gibt Menschen, die offen dafür sind, weil ihnen das, was ich zu sagen habe, hilft.**«
Du merkst schon, es ist erforderlich, dass du dich beim Schreiben eines Buches auch deinen Emotionen und inneren Prozessen stellst.

Emotionale Ebene

Wenn du die im zweiten Teil des Buches empfohlenen Schreibimpulse nutzt, wird das Konzipieren deines Buches und das Schreiben über weite Strecken pure, spielerische Freude sein. Du wirst es genießen, dein Buch zu schreiben.
Aber du solltest auch wissen, dass durch das Schreiben eines Buches gelegentlich alte Glaubenssätze getriggert werden. Das geht jedem so! Und wenn das geschieht, ist es erforderlich, dass du dich diesen verunsichernden Stimmen in deinem Kopf stellst.

Lasse deine Gefühle zu

Nimm die Stimmen in deinem Inneren dazu zunächst einfach nur wahr, wenn sie sich beim Schreiben melden und dich stören. Versuche nie, sie beiseitezuschieben oder zu ignorieren. Wie würdest du dich fühlen, wenn dich jemand, den du darauf hinweisen willst, dass er aus deiner Sicht einen Riesenfehler macht, mit einem genervten »Ja, ja, ist ja schon gut!« übergeht? Dann würdest du vermutlich deine Stimme noch lauter erheben. Genauso ist es mit den Kritikerstimmen in unserem Kopf. Deshalb nimm Zweifel und alte Prägungen, die sich beim Schreiben zeigen, gelassen zur Kenntnis. Gib ihnen Raum, indem du das, was sie dir sagen, unmittelbar aufschreibst. Dann beruhigen sie sich wieder – verblüffend schnell! Und du schreibst anschließend angenehm befreit und sogar freier als zuvor an deinem Buch weiter.
Vielleicht beruhigt es dich, wenn du weißt, dass (fast) alle Autoren zwischenzeitlich solche Zweifel bekommen – und zwar unabhängig davon, wie viele Bücher sie vorher schon erfolgreich veröffentlicht haben! Viele denken dann, es ginge nur ihnen so. Aber glaube mir, es ist völlig normal, und du befindest dich dabei in bester Autoren-Gesellschaft.
»Wenn ich mir per Zeitmaschine einen einzigen Ratschlag in meine frühen Jahre schicken könnte, dann wäre es dieser: Brich Manuskripte nicht mittendrin ab […]. Egal, wie schlecht es dir im Moment vorkommt – *schreib es fertig!*«, sagt der Erfolgsautor Andreas Eschbach.*
Es ist eine der genialen Facetten des intuitiven Schreibens, so, wie ich es hier im Buch erkläre, dass du dabei automatisch auch alle deine Zweifel in dir wahrnimmst und besänftigst. Auf diese Weise wirst du mit jedem Buch, das du schreibst, auch ein Stück wachsen. Du wirst dabei immer mehr mit dir selbst in Frieden kommen. Ist das nicht genial?

---

* www.andreaseschbach.de/schreiben/fragen/beenden/beenden.html, letzter Aufruf 01.04.2020.

Negative Gefühle unzensiert aufzuschreiben, hilft

Aufgaben, von denen für uns einiges abhängt, erzeugen innerlich Druck, und sie lösen oft auch Ängste aus. Diese, so haben amerikanische Wissenschaftler gezeigt, blockieren unser Kurzzeitgedächtnis. Das besitzt nur eine begrenzte Kapazität. Wird die durch ängstliche Grübelei belegt, steht für unsere Schreibaufgabe nicht mehr genug »Arbeitsspeicher« zur Verfügung. Als Konsequenz können wir dann nicht länger die Leistung liefern, die wir erbringen würden, wenn wir unser gesamtes Kurzzeitgedächtnis zur Verfügung hätten.

Eine Studie* hat nachgewiesen, dass es Betroffenen in solchen Momenten hilft, ihre aktuell auftauchenden Gefühle und Ängste unzensiert zu Papier zu bringen. Wenn wir für nur 5 bis 10 Minuten unsere Sorgen und Zweifel auf- und damit rauschreiben, behebt das die Blockade des Kurzzeitgedächtnisses. Dann ist es uns wieder möglich, unser volles Potenzial auszuschöpfen.

---

* Ramirez, G., Beilock, S. L. (2011): Writing About Testing Worries Boosts Exam Performance in the Classroom. In: Science (Vol. 331, Issue 6014), p. 211–213.

Körperliche Ebene

Schreiben ist auch eine körperliche Tätigkeit. Das ist insbesondere dann zu bedenken, wenn man ganze Bücher schreiben will. Erkundige dich, was bei der Ausgestaltung deines Arbeitsplatzes, bei der Wahl eines Bürostuhls, der Tischhöhe, des Monitors, der Tastatur und auch der Maus zu beachten ist. Probiere unterschiedliche Mausformen aus. Experimentiere mit verschiedenen Tisch- und Stuhlhöhen sowie Monitor- und Tastaturabständen. Verändere diese so, dass es sich für dich angenehm und bequem anfühlt.

Mache Pausen, und trinke genügend Wasser

Lege beim Schreiben regelmäßig kurze Erholungsphasen ein, in denen du dich bewegst. Es kann hilfreich sein, einen Timer zu benutzen, um zum Beispiel alle 25 Minuten eine 5-minütige Pause zu machen.

Ich brauche dich vermutlich nicht darauf hinzuweisen, dass es gerade bei intensiver Kopfarbeit wichtig ist, regelmäßig und ausreichend Wasser zu trinken. Stelle dir beim Schreiben stets eine Wasserflasche auf den Tisch. Von einem meiner Schreib-Coaches habe ich gelernt, beim Schreiben auch eiweißhaltige Snacks bereitzuhalten wie Nüsse, Joghurt oder Eiweißriegel. Es hilft tatsächlich, ein paar Nüsse zu essen oder einen Joghurt, wenn du merkst, dass dein Schreibprozess anstrengend(er) wird.

Am Laptop tippen oder mit der Hand schreiben?

Je nachdem, ob wir auf einer Tastatur tippen oder auf Papier schreiben, nutzt unser Gehirn verschiedene Wege der kognitiven Verarbeitung. Wenn dir auf der Tastatur tippend nichts mehr einfällt, dann versuche einmal, mit der Hand weiterzuschreiben. Oft

kommt dann die Kreativität zurück. Viele Autoren schreiben ihre ersten Ideen ausschließlich handschriftlich auf. Einige machen das bewusst, andere unbewusst.
Wenn wir Buchstaben und Wörter aufs Papier bringen, erfordern die Bögen, Schwünge, Striche und deren Verbindungen feinmotorisches Geschick. Beim handschriftlichen Schreiben fühlen wir den Stift in der Hand, das Papier darunter und auch die Bewegung unseres Armes. Wir sind stärker mit dem Körper verbunden als beim Tippen auf einer Tastatur. Die Gleichzeitigkeit von Denken und Bewegen aktiviert beide Gehirnhälften.

Die Verführung der Netzpräsenz am Computer

Beim Schreiben am Computer sind elektronische Nachrichten und das Web nur einen Klick entfernt. Das verführt dazu, zwischendurch schnell etwas nachzuschauen oder zu recherchieren. Das reißt uns dann aus unserem Gedankenfluss, und wir müssen uns anschließend wieder neu in den Text einarbeiten. Oder schlimmer, das Manuskript gerät durch das Surfen ganz in Vergessenheit.

TIPP:

Schalte, während du schreibst, das WLAN aus. Lege dein Handy im Zweifel in ein anderes Zimmer. Es gibt auch Programme, die das Internet und E-Mails für eine bestimmte Zeitspanne blockieren.

Mit der Hand zu schreiben, hat Vorteile

Papier und analoge Schreibgeräte brauchen keinen Strom und sind immer schnell zur Hand. Wir können mit einem Stift und einem Notizblock unsere Ideen jederzeit und überall festhalten, zum Beispiel in der Mittagspause auf einer Parkbank. Wir können jede Wartezeit fürs Schreiben nutzen, beim Arzt, beim Behördengang oder am Bahnhof.

Hast du schon einmal versucht, bei schönem Wetter im Garten oder im Park auf dem Laptop zu schreiben? Dann kennst du das Problem störender Lichtspiegelungen auf dem Bildschirm. Mit Stift und Papier kannst du den Sonnenschein genießen und gleichzeitig schreibend produktiv sein.

Gesundheitliche Probleme durch das Schreiben am Computer

Unsere Augen werden durch kleine Schriften und stundenlanges Schauen auf den Bildschirm überanstrengt. Für unsere Finger und Handgelenke ist das Arbeiten mit Tastatur und Maus ebenfalls stressig. Oft sitzen wir dabei mit krummem Rücken oder vorgebeugtem Kopf. Verspannungen im Nacken und in den Schultern können die Folge sein. Es tut also auch deinem Körper gut, wenn du in Zukunft beim Schreiben öfter zu Stift und Papier greifst.

Mein persönliches Fazit

Ich werde häufig gefragt, welche Art des Schreibens ich bevorzuge und welche ich angehenden Autoren empfehlen würde.

Bei allen Ausbildungen zum intuitiven Schreiben, an denen ich teilgenommen habe, wurde empfohlen, unbedingt handschriftlich mit dem Schnellschreiben zu beginnen. Deshalb habe ich diese Art des Schreibens so erlernt und auch trainiert. Das hat für mich (und die anderen Teilnehmer) gut funktioniert. Heute schreibe ich intuitive Texte auch direkt am Laptop.

Allerdings melden sich gerade die intuitiven Themen und Texte häufig ungeplant und unvorhergesehen bei mir – auf Reisen im Zug oder auf langen Autofahrten. Dann muss ich schnell am nächsten Rastplatz anhalten, um die Hinweise meiner Muse mit Papier und Stift festzuhalten. Denn diese Eingebungen kommen mit einer bestimmten Stimmung und Schwingung, die dann auch die Worte formen. Und diese sind nach meiner Erfahrung sehr flüchtig, so ähnlich wie ein intensiver Traum, den wir, obwohl die Bilder so eindrucksvoll waren, dann doch, sobald wir richtig wach geworden sind, schon wieder vergessen haben.

So praktiziere ich heute beides. Ich »fange« spontane Ideen gern mit der Hand ein, entwickle meine Projekte aber auch intuitiv schreibend am Laptop.

Du merkst, ich kann dir keine eindeutige Empfehlung geben. Aber wenn du meinen Weg zum Erfolg gehen möchtest, rate ich dir: Probiere das intuitive Schnellschreiben zu Beginn handschriftlich aus.

Spirituelle Ebene

Um so zu schreiben, wie es in diesem Buch empfohlen wird, ist es erforderlich, das eigene Ego, die persönlichen Ansprüche und Konzepte beim Schreiben der ersten Rohfassung eines Buches außen vor zu lassen. Das ist eines der wichtigsten Erfolgsgeheimnisse dieses Buches. Es wird später im Kapitel *Intuitiv-kreatives Schreiben* detailliert erklärt.

Sechs Gründe, warum du bisher mit deinem Buchprojekt noch nicht weitergekommen bist

Viele Menschen träumen davon, ein Buch zu schreiben. Doch nur die wenigsten tun es dann auch tatsächlich. Der Grund dafür sind einige weitverbreitete Überzeugungen, die angehende Autoren schon im Anfangsstadium direkt wieder ausbremsen.

Überzeugung 1: »Es ist viel zu aufwendig, ein Buch zu schreiben.«
Viele denken, dass es enorm schwierig sei, geeignete Inhalte zusammenzustellen, aufzuschreiben und in eine logisch schlüssige und gleichzeitig für die Leser leicht nachvollziehbare Reihenfolge zu bringen. Sie glauben, dass es sehr lange dauert, ein gutes Buch zu schreiben.
Fakt ist jedoch, dass es möglich ist, die erste Fassung eines Buches innerhalb von nur wenigen Tagen zu schreiben. Dabei ist das schnelle Schreiben der entscheidende Trick. So entstehen easy und entspannt kreative, gut lesbare und gleichzeitig originelle Bücher.

Überzeugung 2: »Es ist anstrengend, ein Buch zu schreiben.«
Viele denken, ein Buch zu schreiben, sei eine Strapaze und wirklich harte Arbeit. Dabei spielt auch eine Rolle, dass viele von uns so erzogen wurden, dass sie nur dann stolz auf etwas sind, wenn sie es sich hart erarbeitet haben.
Ich habe in meiner Zeit als Professorin nach einem Weg gesucht, meinen Studierenden das Lernen der Statistik angenehm(er) und

leicht(er) zu machen. Dazu musste ich mir dann von einigen Kollegen anhören, dass »schnell und easy« vermittelter Stoff doch wohl nur seicht und oberflächlich sein könnte.
Meine Erfahrungen aus über 40 Jahren in der Erwachsenenbildung belegen etwas anderes: Wenn ich selbst als Dozentin oder Autorin mit Leichtigkeit, entspannt, motiviert und mit Freude bei der Sache bin, überträgt sich das unmittelbar auf meine Zuhörer und Leser. Auch sie lernen dann mit Freude und behalten den Stoff viel besser. Sobald ich mich jedoch (aus Pflichtgefühl) vortragend oder schreibend durch einen für mich selbst anstrengenden Stoff gequält habe, war es für meine Zuhörer oder Leser kaum noch möglich, gut mitzukommen.
Deshalb ist es deine oberste Pflicht, wenn du ein Sachbuch oder einen Ratgeber schreibst, darauf zu achten und dafür zu sorgen, dass du selbst beim Schreiben entspannt, zuversichtlich und positiv bleibst. Denn der innere Zustand, in dem du schreibst, deine Gefühle und deine Gedanken dabei übertragen sich (selbst wenn du nicht explizit über sie sprichst oder schreibst) unmittelbar auf deine Leser.

Überzeugung 3: »Es frisst sehr viel Zeit, ein Buch zu schreiben.«
Viele angehende Autoren denken, um ein Buch zu schreiben, müssten sie über einen langen Zeitraum hinweg mehrmals in der Woche mehrere Stunden lang schreiben. Obwohl sie hoch motiviert sind, schreckt sie dieser Gedanke ab. Ihr Alltag ist bereits übervoll mit Terminen und Pflichten. Und am Abend oder am Wochenende wollen sie (sofern sie nicht auch da noch arbeiten) einfach mal Spaß haben und sich erholen.
Fakt ist, dass du schon mit nur 15 oder 20 Minuten täglich sehr produktiv schreiben kannst. Das wirst du erleben, wenn du mit den Schreibimpulsen aus dem zweiten Teil des Buches arbeitest. Mit dem schnellen, intuitiven Schreiben kommt in vergleichswei-

se kurzer Zeit relativ viel Text von hoher Qualität zustande. Wie wir früher im Abschnitt *Welche Vorteile es hat, beim Schreiben das schnelle Denken zu nutzen* gesehen haben, ist das angestrebte Ziel beim intuitiven Schnellschreiben, mindestens 400 Wörter in 15 Minuten zu tippen. Erfahrene intuitive Schnellschreiber schaffen leicht 3000 Wörter pro Stunde. Stephen King braucht selbst für längere Bücher maximal 3 Monate.*

Ich habe immer Block und Stift dabei und schreibe häufig, wenn sich Wartezeiten ergeben, zum Beispiel auf Zugreisen, im Wartezimmer beim Arzt, in der Küche, während etwas auf dem Herd köchelt. Früher, als ich in Vollzeit angestellt war, bin ich, wenn mir ein kreatives Projekt besonders wichtig war, regelmäßig eine ganze (Schreib-)Stunde früher aufgestanden. Das war dann sehr früh, aber das war es mir wert. Danach war ich oft den ganzen Tag lang zufrieden und guter Laune. Abends nach der Arbeit war ich hingegen vielfach zu erschöpft zum Schreiben. Viele Autoren nehmen sich gezielt Urlaub fürs Schreiben an ihrem Buch. Sie reisen in dieser Zeit an einen schönen Ort, der sie inspiriert und wo sie ungestört sind.

Vielleicht fragst du dich jetzt, welchen Umfang ein Ratgeber haben sollte. Das ist je nach Inhalt unterschiedlich. Viele Bücher dieser Sparte umfassen circa 30 000 Wörter. Natürlich gibt es auch umfangreichere, aber auch kürzere Ratgeber, zu Letzteren zählt beispielsweise dieses Buch.

Gehen wir einmal davon aus, dass dein Buch 30 000 Wörter umfassen sollte, dann müsstest du also 75 Mal für je eine Viertelstunde schreiben (bei 400 Wörtern in 15 Minuten). Wenn du an durchschnittlich 20 Tagen pro Monat je nur eine Viertelstunde schreibst, dann bist du (selbst mit diesem minimalen Zeitaufwand!) in nur 4 Monaten fertig. Wenn du jedoch an 6 Tagen pro

* King, S.: Das Leben und das Schreiben. Berlin: Ullstein 2006.

Woche je eine Stunde lang schreiben würdest, könntest du die Rohfassung eines ganzen Buches in nur 3 bis 4 Wochen erstellen. Vielleicht startest du am besten so: Überlege dir, wie viele Mini-Schreibsessions von 10 bis 15 Minuten du pro Woche in deinem Zeitplan unterbringst. Trage sie als echte Termine fest in deinen Kalender ein. Dieser kleine Trick hilft enorm. Wenn du dann noch zusätzlich die weiter hinten im Buch vorgestellte *Don't Break the Chain*-Technik benutzt, kann wirklich nichts mehr schiefgehen.

Aber ich greife vor. Bevor du dich ans tatsächliche Schreiben deines Buches machst, arbeite vorher bitte mit den Schreibimpulsen aus dem zweiten Teil dieses Buches.

Überzeugung 4: »Mein Buch muss einzigartig sein.«

Viele Autoren denken, sie müssten etwas Einzigartiges schreiben, etwas Innovatives. Sie glauben, sie müssten ein Buch schreiben, das es in dieser Art bisher noch nicht auf dem Markt gibt. Sie sind deshalb auch ständig in Sorge, dass das eigene Thema schon vorher von jemand anderem bearbeitet und veröffentlicht wird. Erst vor Kurzem habe ich im Internet auf der Seite einer Buchmarketing-Agentur gelesen, dass es ratsam sei, über solche Themen zu schreiben, bei denen es kaum Konkurrenz gibt. Denn je weniger Konkurrenz es gäbe, desto größer seien die Chancen eines Sachbuches auf Erfolg.

Fakt ist dagegen: Erst wenn ein Thema in der Öffentlichkeit bekannt ist, lässt sich ein Buch darüber auch gut verkaufen. Dazu möchte ich eine eigene Erfahrung teilen, die ich mit meinem ersten Buch *Studieren kann man lernen** gemacht habe. Bereits seit Anfang der 1990er-Jahre hatte ich vor, ein Lerncoaching-Buch für Studierende zu schreiben. Damals gab es an deutschen Hoch-

* Klenke, K.: Studieren kann man lernen – Mit weniger Mühe zu mehr Erfolg. Wiesbaden: Springer Gabler 5. Aufl. 2018.

schulen noch nicht einmal Didaktikkurse für Lehrende. Dass es die Aufgabe der Hochschulen sein könnte, den Studierenden beim Lernen zu helfen, war damals noch nicht im Bewusstsein verankert. Einige meiner Kollegen versuchten damals sogar, mir meinen Ansatz, den Studierenden mit didaktisch gut aufbereiteter Lehre das Lernen zu erleichtern, auszureden.
Erst gut 10 Jahre später, einige Jahre nach dem Bologna-Prozess, der europaweiten Studienreform zur Modernisierung der Hochschulen, wurden an immer mehr Hochschulen auch Lerncoaching-Angebote für Studierende eingerichtet. Erst da war es möglich, einen renommierten Verlag für mein Manuskript zu gewinnen. Und auch erst da war das Interesse von Lernenden (und Lehrenden!) an dem Thema so groß, dass mein Buch bereits kurz nach dem Erscheinen ein Bestseller wurde.
Menschen wollen mehr von dem lesen, was sie zuvor begeistert hat. In dem Buch *Der Bestseller-Code*[*] präsentieren zwei amerikanische Forscher, Jodie Archer und Matthew L. Jockers, eine Methode, mit der sich vorhersagen lässt, ob ein Buch ein Bestseller wird oder nicht. Sie haben mit künstlicher Intelligenz und statistischen Analysen sich wiederholende Muster in Romanen ausgemacht und untersucht, in welchen Eigenschaften sich Bestseller von Büchern unterscheiden, die keine Bestseller werden. Die beiden Autoren stellten dabei (neben vielem anderen) fest, dass einige Romane deshalb Bestseller wurden, weil sie sich mit ihrer Hauptfigur charakterlich an die eines zuvor erschienenen Welt-Bestsellers anlehnten. Sogar bei der Wahl des Titels scheint es verkaufsförderlich zu sein, wenn er dem eines anderen, zuvor erfolgreichen Bestsellers (eines anderen Autors) ähnelt.

* Archer, J., Jockers, M. L.: Der Bestseller-Code – Was uns ein bahnbrechender Algorithmus über Bücher, Storys und das Lesen verrät. Kulmbach: Plassen 2017.

Überzeugung 5: »Um ein Buch zu schreiben,
brauche ich Inspiration.«
Viele angehende Autoren glauben, um gut zu sein, müsste man vor jedem Schreiben voller Inspiration sein. In Wahrheit kommen die besten Ideen oft erst im Schreibfluss. Dann entstehen sie ganz von allein. Bei mir ist es oft so, dass ich selbst darüber staune, was ich schreibe. Vielfach habe ich, wenn ich mit dem Schreiben beginne, noch keine Ahnung, welche Argumentationskette entstehen wird. Oft wird erst im Verlauf des Schreibens klar, was, wie und warum miteinander verbunden ist. Auch der amerikanische Autoren-Coach Tom Bird behauptet, dass unsere besten Texte dann entstehen, wenn wir vorher keine Ahnung hatten, wohin der Text uns führen würde.

Überzeugung 6: »Wenn ich ein Buch schreiben will,
muss ich zuerst ganz viel recherchieren.«
Ein anderer Grund, der angehende Autoren verschreckt, ist die Vorannahme, dass für ein Fachbuch oder einen Ratgeber so viel Wissen wie möglich recherchiert werden müsse.
Fakt ist (und diese Erfahrung wirst du selbst machen, sobald du beginnst, mit den Schreibimpulsen zu arbeiten), dass alles Wesentliche, das du für die Konzeption deines Sachbuches benötigst, bereits in dir steckt. Tom Bird empfiehlt deshalb auch, erst dann mit Recherchen zu Fakten und Details zu beginnen, wenn die erste Fassung des Manuskriptes schon steht.
Je mehr du auf dem aufbaust, was du bereits in dir trägst, desto besser. Vergleiche dich nicht mit anderen. Insbesondere, während du an der ersten Fassung deines Buches schreibst, solltest du dich nicht an anderen Büchern oder an anderen Meinungen orientieren.
Ein Fehler vieler Erstautoren ist, dass sie so viele Informationen, so viel Wissen und so viele Fakten wie möglich in ihren Ratgeber

oder ihr Sachbuch packen. Dabei sind es in erster Linie gar nicht die Fakten, die ein Buch zum Lieblingsbuch machen. Bei den statistischen Analysen für das Buch *Der Bestseller-Code* wurde erwiesen: Es werden die Bücher zu Bestsellern, bei denen die Leser mit dem Helden fühlen, bei denen sie sich mit ihm zusammen fürchten, sich verlieben, sich sorgen, rätseln oder um etwas kämpfen. Kurz, es sind solche Bücher bestsellerverdächtig, die ihren Lesern ein emotionales Erlebnis bescheren. Und das gilt im Prinzip genauso auch für Sachbücher und Ratgeber. Auch da wollen die Leser (selbst wenn ihnen das nicht bewusst ist) emotional berührt und geführt werden.

In der Werbung wird genutzt, dass die Vorliebe von Menschen für ein bestimmtes Produkt, selbst, wenn es sich um Technik handelt, und auch ihre Kaufentscheidungen rein in ihren Emotionen begründet sind – auch dann, wenn die Kunden selbst glauben, sie würden rational entscheiden. Das erkennst du deutlich, wenn du dir Werbespots von erfolgreichen Firmen wie zum Beispiel Apple anschaust. Da wird die (beachtliche!) technische Ausstattung eines Geräts überhaupt nicht erwähnt. Es geht nie um die Technik oder die Funktionsvielfalt der Geräte. Stattdessen wird damit geworben, welchen Zuwachs an Lebensqualität die Kunden durch den Erwerb eines Produkts erlangen.

Schaue dir einmal diese Werbespots an: *Die Überraschung* von Apple[*] (2019) und *Alpaca* von Samsung[**] (2019). Anschließend nimm dir kurz die Zeit, zu reflektieren: »Was kann ich daraus für mich als angehender Autor lernen? Wie kann ich als Autor eines Ratgebers analog einen guten Aufhänger für meine Inhalte finden? Wie könnte ich diesen Marketing-›Trick‹ ähnlich für die Außendarstellung meines Buches nutzen?«

---

* www.applewerbung.de/2019/11/weihnachten-2019, letzter Aufruf 01.12.2020.

** youtu.be/Pgc0OshEAgI, letzter Aufruf 01.12.2020.

Du solltest als Autor immer auch deine Leidenschaft, deine Begeisterung und deine Faszination für das Thema mit deinen Lesern teilen. Das ist für die Leser attraktiver, berührender und auch lehrreicher als ein Buch voller Fakten.
Erinnere dich schreibend an die Momente, als du ein Aha-Erlebnis in deinem Fachgebiet hattest. Welche waren die Ereignisse, als bei dir ein Knoten geplatzt ist? Erinnere dich an die Erlebnisse, als du plötzlich wusstest: »Aha, so löse ich dieses Problem am besten!«, »Aha, so funktioniert das!«, »Aha, jetzt verstehe ich es endlich.« Teile auch solche (persönlichen) Erkenntnisse mit deinen Lesern.

Schreiben in der GENIALITÄTSZONE: Spielerisch leicht erfolgreich texten

Schreiben kann auch anders gehen

Vergiss zunächst solche Dinge wie Grammatik, Rechtschreibung, optimale Wortwahl und logisch-klare Strukturierung des Textes. All das ist wichtig, zweifellos, aber nicht jetzt, nicht für den ersten Entwurf und die Rohfassung deines Buches. In dieser ersten Phase werden die klassischen Anforderungen an einen guten Text oft sogar zum Hindernis, denn sie behindern das freie, kreative Schreiben. Sie sind der Grund für so manche Schreibblockade. Sobald wir anfangen, logisch und grammatikalisch korrekt texten zu wollen, wird jeglicher kreativ-intuitive Denkimpuls im Keim erstickt.

Halte stattdessen deinen Fokus darauf ausgerichtet, warum und wofür du (d)ein Buch schreiben möchtest. Dann fällt es dir leichter, motiviert durchzuhalten. Dann schreibst du mit Begeisterung und Originalität.

Manchmal reicht eine Erkenntnis

Ich habe jahrzehntelang davon geträumt, Bücher zu schreiben. Aber ich habe es trotzdem nicht geschafft, auch nur eines meiner vielen angefangenen Buchprojekte mit Erfolg zu Ende zu bringen. Ein Erlebnis beziehungsweise eine Erkenntnis brachte für mich schlagartig einen Durchbruch beim Bücherschreiben. Ich war damals im Urlaub in Sedona, einem alten indianischen Kraftort in Arizona. Sedona ist dafür bekannt, dass hier schon vielen Menschen, Künstlern, Schriftstellern, Therapeuten oder Unternehmern, die entscheidende Geschäftsidee ihres Lebens zugeflogen ist. Bei mir meldete sich in Sedona meine Herzenssehnsucht, endlich publizierte Autorin zu werden. Ich entdeckte dort in einem Supermarkt einen Aushang des Autoren-Coaches Tom Bird. Es war eine Ankündigung für sein *Write Your Book in a Week*-Seminar*. Das Konzept wurde in wenigen Sätzen erklärt. Ich war sofort fasziniert. Da ich zum Seminarzeitpunkt nicht mehr in den USA war, kam ich (zunächst) gar nicht auf die Idee, mich zu dem Kurs anzumelden. Allerdings gingen mir die Flyer-Infos auch später nicht mehr aus dem Kopf. Sie haben mich so lange verfolgt, bis ich mich drei Jahre später schließlich entschlossen habe, Tom Birds Schreibseminar live zu erleben.

* Auf Deutsch: »Schreib dein Buch in nur einer Woche.« Drei Jahre später wurde dann der Seminarzeitraum sogar von sieben auf drei Tage reduziert.

Dein Buch schreibt sich wie von selbst

Ich möchte mit dir teilen, was passierte, nachdem ich diesen Flyer gelesen hatte. Die Vorstellung, dass es möglich sein könnte, ein ganzes Buch mit Leichtigkeit in nur wenigen Tagen runterzuschreiben, hat damals mein Glaubenssystem zum Thema *Bücher schreiben und Autorin werden* heftig erschüttert. Die wenigen Sätze auf dem Flyer haben mich derart beflügelt, dass sich schon am nächsten Tag mein tägliches Schreiben anders gestaltete als sonst. Es war mir plötzlich – ohne, dass ich es bewusst geplant hätte – möglich, mich für mehrere Stunden schreibend dem zu öffnen, was durch mich aufs Papier fließen und als gedrucktes Buch in die Welt wollte. Ich habe meine bewusste Absicht und jegliche Kontrolle losgelassen. Stattdessen vertraute ich mich dem Fluss dessen an, was sich »von allein« zeigen wollte. Es war tatsächlich so, als würden mir die Wörter innerlich diktiert. Mein Job bestand lediglich darin, sie aufs Papier zu bringen. Das Schreiben war absolut mühelos. Es ging rasend schnell, ohne dass ich zunächst irgendeine Ahnung hatte, wohin mein Schreibfluss mich führen würde. Zu meinem eigenen Erstaunen habe ich auf diese Weise in der mir noch verbleibenden Zeit in Sedona ein ganzes Buch empfangen und niedergeschrieben. Das Manuskript wurde später, nachdem ich zu Hause die intuitiv empfangenen Informationen intensiv für mich und mit anderen Menschen ausgetestet und validiert hatte, publiziert als *Das Sedona-Steinorakel*[*].

* Klenke, K.: Das Sedona-Steinorakel – Die Lösung ist nur einen Steinwurf entfernt. Saarbrücken: Neue Erde 2. Aufl. 2020.

Dein Buch existiert bereits

Tom Bird, der sich auch »Buch-Flüsterer« nennt, hat schon Tausenden von angehenden Autoren geholfen, ihr Buch innerhalb von wenigen Tagen aufs Papier zu bringen. Er erklärt, dass dieses auf den ersten Blick unerklärbare Geschehen deshalb möglich ist und funktioniert, weil die Menschen dabei lediglich das niederschreiben, was schon lange vorher in ihnen angelegt war. Seine These ist, dass die Seminarteilnehmer nur deshalb ihre Buchmanuskripte innerhalb von wenigen Tagen komplett niederschreiben können, weil diese Bücher bereits in ihnen existiert haben. Die Autoren müssten sie nur noch wie in einem Diktat niederschreiben. Auf diese Weise kommen Bücher so ähnlich wie ein Baby, das man gebiert, mit einem ganz eigenen Charakter auf die Welt. Vielfach sind sie sogar anders, als der Autor selbst es vorher vermutet hatte.

Dieses erstaunliche Phänomen habe ich in Tom Birds Seminaren selbst erlebt. Ich konnte es dort auch bei vielen anderen beobachten. Der Trick besteht bei dieser Art des »Buch-Gebärens« darin, die persönliche Kontrolle und die eigene Vorstellung davon, wie das Buch und sein Inhalt auszusehen haben, komplett loszulassen. Stattdessen folgt man schreibend einfach vertrauensvoll dem, was sich von allein zeigt. Für Tom Bird erklärt die Tatsache, dass die Bücher schon vor dem Herausschreiben existieren, auch, warum so viele Menschen eine starke Sehnsucht danach haben, zu schreiben.

Öffne dich für die Vorstellung, dass auch hinter deiner Sehnsucht danach, ein Buch zu schreiben, ein in dir bereits vorhandenes, bis jetzt noch »ungeborenes« Buch stecken könnte. Öffne dich dafür, dass sich dieses Buch von sich aus bei dir melden wird. Und dass du dann die Inhalte und Texte, ähnlich wie in einem Diktat, empfangen kannst – unmittelbar. Nutze dabei das Prinzip des schnellen Denkens und des schnellen Schreibens. Und lasse dich von deinem noch »ungeborenen« Buch leiten. Was will sich durch dein Schreiben ausdrücken? Je mehr du für das Buch, das in dir steckt, tust, desto stärker und klarer wird deine Intuition dich leiten.

TEIL 2: So entsteht VERBLÜFFEND SCHNELL dein Buchmanuskript

Intuitiv-kreatives Schreiben – eine ANLEITUNG

Vor vielen Jahren habe ich per Zufall das intuitiv-kreative Schreiben entdeckt. Von der ersten Minute an hat mich die ungewöhnliche Methode für das Verfassen von Texten fasziniert. Meine Begeisterung für diese Schreibtechnik ist bis heute unverändert geblieben. Für mich war es damals und ist es bis heute verblüffend, wie schnell und wie leicht man in ein kreatives Schaffen kommt, sobald man bewusst die mental-rationale Kontrolle loslässt sowie jegliche Anstrengung, etwas erreichen zu wollen. Stattdessen folgt man auf spielerisch leichte Weise den Impulsen der Intuition und der eigenen inneren Wahrheit. Ich habe damals, als ich diese Art zu schreiben kennengelernt und zum ersten Mal erlebt habe, spontan gedacht: »Warum hat mir das nicht schon früher jemand beigebracht?«

Intuitiv-kreatives Schreiben in drei Schritten auf den Punkt gebracht

1. Stelle sicher, dass du für eine Weile ungestört bist.
   Überlege dir: »Was ist heute mein Thema beim Schreiben? Welche Frage möchte ich für mich klären oder beantworten? Was ist heute mein Schreibziel?«

Lege eine (relativ kurze) Schreibdauer von zum Beispiel 15 Minuten fest.

2. Schalte innerlich um auf Empfangen, indem du beispielsweise einige Minuten lang meditierst oder entspannt ein sanftes, instrumentales Musikstück anhörst.
3. Dann schreibe los, ohne vorher weiter über deinen Text nachzudenken. Lasse dich ab jetzt von deiner Intuition leiten. Schreibe so schnell, wie es dir möglich ist.
   Deine Aufgabe besteht nun lediglich darin, für den vorher festgelegten Zeitraum ununterbrochen einfach irgendwie irgendetwas runterzuschreiben. Solange du schreibst, solltest du zwischendurch nichts korrigieren. Schreibe einfach stur immer weiter.

Die drei Schritte im Detail

Schritt 1: Die Vorbereitung

Suche dir einen Ort, an dem du für eine Weile ungestört bist und gut schreiben kannst. Lege Stift und Papier oder deinen Laptop bereit. Du brauchst insgesamt etwa eine halbe Stunde Zeit. Sobald du geübter bist, reicht auch schon eine Viertelstunde aus. Oder du schreibst *open end* so lange weiter, wie dein Schreibfluss dich trägt.
Der erste Schritt beim intuitiven Schreiben besteht in der Formulierung einer Absicht. Mache dir klar: »Worüber möchte ich schreiben? Was ist heute mein Thema? Was ist das Ziel meines Textes?« Damit legst du die grobe Richtung deiner »Reise« fest.

Schritt 2: Umschalten auf Empfang

Setze dich (deine Schreibabsicht im Hinterkopf behaltend) bequem, aber aufrecht hin. Atme zunächst ein paarmal bewusst etwas tiefer durch als sonst. Spüre dein Körpergewicht auf dem Stuhl, entspanne deine Schultern und das Gesicht.
Schalte innerlich um auf Empfang. Du kannst dafür einige Minuten lang meditieren. Oder du praktizierst eine ruhige Atemübung, beispielsweise die Wechselatmung aus dem Hatha-Yoga. Oder du entspannst einfach für einige Minuten, während du ein ruhiges instrumentales Musikstück hörst. Ich selbst benutze derzeit gern das Stück *Forest Garden* von Pachelbel.
Wähle den Weg, der für dich stimmig ist, um vor Beginn des Schreibens für eine Weile aus dem geschäftigen Alltagsdenken auszusteigen.

Komme ganz im Hier und Jetzt und bei dir selbst an.
Achte schon jetzt darauf, welche Ideen oder Impulse zum Thema sich eventuell zeigen. Höre innerlich hin, schaue innerlich hin, oder erspüre auf deine Art, ob sich schon jetzt Informationen oder Bilder in dir zeigen. Du »lässt« ab jetzt für dich arbeiten. Vielleicht werden sich vor deinem inneren Auge komplette kleine Filme abspulen, die du später nur noch aufschreiben – quasi abschreiben – musst. Vielleicht kannst du auch innerlich etwas hören. Oder ein Gefühl meldet sich bei dir, dem du dann später schreibend weiter nachgehen kannst.
Ich will an dieser Stelle nicht verheimlichen, dass es manchmal – sehr selten allerdings – auch andere Tage gibt. Dann taucht keine Idee auf, kein einziger konstruktiver Gedanke kommt dir, kein Bild oder Gefühl. Das ist völlig okay so! Selbst dann kannst du vertrauensvoll und erfolgreich (!) zum nächsten Schritt, dem eigentlichen Schreiben, übergehen und dort weitermachen. Es wird dennoch funktionieren.

Schritt 3: Die Schreibphase

Vielfach liest man, es sei beim intuitiven Schreiben notwendig, mit der Hand zu schreiben. Viele intuitive Schreiber lehnen in dieser Phase die Arbeit am Computer völlig ab. Ich selbst habe mittlerweile, nachdem ich viele Jahre intuitiv-kreatives Schreiben nur mit Papier und Stift praktiziert habe, auch gute Resultate am Rechner. Probiere es selbst aus. Im Zweifelsfall würde ich dir jedoch gerade zu Beginn die Stift-und-Papier-Variante empfehlen. Klassischerweise wird hier großes Papier (DIN-A3 ist dabei besser als DIN-A4) ohne Linien benutzt, weil Freiraum ohne Regeln und Begrenzungen das Hauptkennzeichen des intuitiven Schreibens ist. Wähle auch deinen Stift bewusst aus. Benutze einen Stift, der möglichst leicht, schnell und flüssig übers Papier gleitet. Er sollte angenehm in deiner Hand liegen. Teste Stifte in verschiedenen Stärken, aus verschiedenen Materialien und auch in verschiedenen Formen aus. Und vielleicht stellst du fest (so ist es bei mir), dass dir das intuitive Schreiben in Grün oder Türkis besser gefällt als im herkömmlichen Tintenblau.

Hintergrundmusik kann eine Unterstützung sein

Musik nimmt uns mit in andere, virtuelle Welten. Dort hängen Textpassagen und kreative Ideen nur so in der Luft und finden leicht(er) den Weg zu uns. Probiere es aus, ob dir Musik beim Schreiben hilft und, wenn ja, welche Art von musikalischer Begleitung zu deinem Thema passt. Das kann auch von Buchkapitel zu Buchkapitel variieren. Wenn du zum Beispiel etwas Dramatisches schreibst, darf die Musik auch etwas dramatischer sein.

WICHTIG:

Lege vorher eine (relativ kurze) Schreibdauer fest
Vielleicht stellst du dir zur Überprüfung der Zeit einen Timer. Du wirst anschließend staunen, wie viel du in so kurzer Zeit zu Papier gebracht hast.

Dann schreibst du los

Notiere oben auf dem Blatt kurz dein Thema. Dann schreibst du los, ohne vorher weiter darüber nachzudenken, was du im Detail zu Papier bringen willst. Schreibe so schnell wie möglich! Lasse deinen Stift übers Papier fliegen. Oft hilft die Vorstellung, dass der Stift von allein schreibt. Am Laptop tippen deine Finger ebenfalls wie von selbst. So fügt sich Wort an Wort, ohne dass du währenddessen kontrollierst, welcher Satz, welche Argumentation, welches Bild, welche Idee als Nächstes kommt. Sollte dein Schreibfluss einmal stocken – das kann zwischendurch schon einmal vorkommen und ist völlig normal und okay –, dann schreibst du auf, was dir durch den Kopf geht, wie: »Jetzt fällt mir nichts mehr ein. Ich kann das nicht!« Schreibe alles auf, was du gerade denkst. Schreibe aber auch dann immer weiter. Unterbrich deine Handbewegung und den Schreibfluss nie, egal, wie du dich fühlst.
Sollte dir zwischenzeitlich einmal gar nichts mehr einfallen, dann kopiere deinen letzten Absatz und schreibe am Ende in einem Fluss wieder weiter. Oder bewege für eine Weile deinen Stift in Wellenlinien oder Kringeln weiter übers Papier. So lange, bis sich dann schließlich doch das nächste Wort, der nächste Satz, der nächste Gedanke meldet.

Du brauchst nicht zu wissen, was du schreiben wirst, bevor du beginnst

Der tiefere Sinn und auch der rote Faden werden sich dir beim Schreiben ganz von allein enthüllen bzw. sich ergeben. Ich bin der lebende Beweis: Ganze Bücher, gute Bücher, die ihre Leser inspirieren und sich gut verkaufen, sind auf genau diese Weise entstanden.

Deine Aufgabe besteht jetzt lediglich darin, für den vorher festgelegten Zeitraum ununterbrochen deinen Stift über das Blatt zu bewegen. Bleibe dabei so gelassen wie möglich, und schreibe stur immer weiter. Eventuell zwischenzeitlich auftretende Blockaden oder »Holperphasen« lösen sich erstaunlich leicht und schnell wieder auf, wenn du auch allen kritischen Gedanken Raum auf dem Papier gibst. Danach geht es dann wieder weiter im Text – im wahrsten Sinne des Wortes.

Wichtig ist, dass du, solange du schreibst, niemals anfängst, das Geschriebene durchzulesen und zu korrigieren. Korrigiere im Verlauf deiner Schreibsitzung (noch) nichts. Rechtschreibfehler sind in dieser Phase normal und erlaubt. Grammatikalische Fehler sind erlaubt, Verschreiber auch. Ebenso Wörter, die das, was du sagen willst, nicht so ganz richtig treffen. Nimm einfach das beste Wort, das dir in dem Moment in den Sinn kommt. Und schreibe dann sofort weiter. Mängel korrigieren und am Text feilen wirst du später. Auch rumzuspinnen, ist jetzt erlaubt – oder puren Blödsinn zu schreiben. Jetzt darfst du träumen und wirklich groß denken.

Die Gedanken und Konzepte, die intuitiv schreibend entstehen, sind oftmals »größer« als normal. Manchmal auch ein bisschen verrückt, sodass unser rationaler Verstand das eventuell sofort alarmierend kritisiert: »Das kann ich doch jetzt nicht so schreiben. Was sollen denn die anderen von mir denken?« Gib auch

diesem inneren Kritiker Stimme und Raum auf dem Papier. Und dann schreibe weiter.
Genau darin bestehen die Kunst und der Trick des intuitiven Schreibens: trotzdem immer weiterzuschreiben, alles zuzulassen und zu Papier zu bringen. Zusammenstreichen kannst du es später immer noch. Aber erst später! Im Moment schreibst du einfach immer weiter, so schnell es dir möglich ist. Du verpflichtest dich dir selbst gegenüber lediglich dazu, deinen Stift schnell schreibend immer weiter zu bewegen. Mehr gibt es nicht zu tun. Nach der vorher festgelegten Zeitdauer, auf keinen Fall früher (länger ist natürlich, wenn du gerade gut in Fahrt bist, immer erlaubt), beendest du das Schreiben. Höchstwahrscheinlich wirst du überrascht sein, wie schnell die Zeit vergangen ist. Und auch über das Ergebnis.
Ich bin bis heute oft verblüfft über die Resultate des intuitiven Schreibens und beeindruckt von der erstaunlich klaren Struktur und inneren Logik der Texte. Hättest du mich wenige Minuten vor dem Schreibprozess danach gefragt, hätte ich nicht sagen können, dass diese Wörter, diese Argumentation, diese Bilder aufs Papier fließen würden.

Je müheloser du schreibst, desto besser werden deine Texte

Das Entscheidende beim intuitiven Schreiben sind Entspanntheit, Mühelosigkeit und unvoreingenommenes Empfangen. Genau das ist für viele Menschen schwer auszuhalten. Denn den meisten von uns wurde beigebracht, dass man etwas leisten und hart arbeiten muss, um erfolgreich zu werden. Nach dem Motto: Für ein gutes Ergebnis muss man sich anstrengen. Aber genau so funktioniert das intuitive Schreiben nicht.

So merkwürdig dir das auch zunächst erscheinen mag, die beste Voraussetzung dafür, erfolgreich zu schreiben, ist entspannte und vertrauensvolle Absichtslosigkeit. Wenn du einmal nicht weißt, was du schreiben sollst, dann hilft es dir überhaupt nichts, wenn du dich noch mehr anstrengst. Im Gegenteil! Jedes Wollen und jede krampfhafte Anstrengung sorgt für Anspannung in uns. Und jede Anspannung macht eng. Sie verhindert das freie Fließen, das die Voraussetzung für einen guten, kreativen Text ist. Erst, wenn du loslässt und vertrauensvoll in den schnellen Schreibfluss eintauchst, unabhängig davon, wohin er dich führen mag, dann kommt auch dein Schreiben in den Fluss.
Durch gelassenes Mitfließen kannst du den offenen, leeren Raum entdecken, in dem sich (ganz von allein) das zeigt, was jetzt gerade für dein Thema relevant ist. Und dabei solltest du nichts von dem, was sich so zeigt, bewerten, während du schreibst. Frage, solange du schnell schreibst, auch nie nach dem Warum. Du stellst dabei lediglich deine Schreibhand zur Verfügung, hörst innerlich zu und notierst. Das ist alles. Es ist wirklich ganz einfach.

Korrigieren kannst du später

Später, aber erst, wenn die vereinbarte Schreibzeit um ist, kannst du das Geschriebene lesen und auch korrigieren. Dann kannst du gegebenenfalls »zensieren«. Du kannst Passagen streichen, umschreiben oder abmildern sowie den Text und deine Argumentation weiter ausbauen. Du wirst jedoch vermutlich feststellen, dass oft die so schnell entstandenen Texte schon in der ersten Version recht gelungen sind. Sie sind gar nicht so unvollkommen, wie du es vielleicht noch beim Schreiben gedacht hast.

Hierzu noch eine Anmerkung, die ich aufgrund meiner eigenen Erfahrungen ausspreche: Es ist ratsam, Texte, die intuitiv schreibend entstanden sind, erst einmal eine Weile liegen zu lassen, am besten einige Tage oder (sofern dies zeitlich möglich ist) sogar Wochen, sie erst mit etwas Abstand wieder anzuschauen und dann zu überarbeiten. Ich möchte dich davor warnen, zu schnell nach dem Schreibprozess in die Kritik- und Überarbeitungsphase zu gehen. Mein innerer Kritiker hat mehr als einmal einen Text,

den ich direkt nach dem Schreiben gelesen habe, sofort als »völlig überflüssig« verworfen! Ich entsorgte das Geschriebene. Einige Tage später ist mir dann – mit etwas Abstand – klar geworden, dass einige der Argumente wichtig und überzeugend gewesen waren. Ich konnte mich dann aber nicht mehr im Detail an den Wortlaut und meine Argumentationskette erinnern. Es hat mich unnötig Mühe und Zeit gekostet, meinen Text zu rekonstruieren. Unserem rational-analytisch denkenden Verstand ist das schnelle, intuitive Schreiben suspekt. Deshalb versucht er auch, im Nachhinein zu zensieren. Wirf bitte nichts gleich weg. Überarbeite und zensiere deinen Text und deine Ideen am besten in Form eines zweiten, neuen Dokuments, das du dann gleich digital am Computer erfassen kannst.

Und nun kannst du das alles praktisch mit Schreibimpulsen umsetzen.

Welches Buch WILL von dir geschrieben werden?

Mithilfe der folgenden Schreibimpulse wirst du intuitiv schreibend herausfinden, worum es in deinem Sachbuch oder Ratgeber geht.

Einzigartigkeit und Inhalte deines Buches

5 der insgesamt 10 Schreibimpulse werden dir Klarheit darüber verschaffen, welche Art von Buch mit welchem Inhalt und für welche Zielgruppe du schreiben willst. Das sind die Schreibimpulse # 1, # 3, # 6, # 8 und # 9. Sie helfen dir dabei, mit dem Buch, das von dir geschrieben werden will, in Kontakt zu treten. Du wirst intuitiv seine Einzigartigkeit empfangen und auch niederschreiben, welche Inhalte es enthält. Dazu brauchst du lediglich dem Schreibfluss, der durch die Impulse angeregt wird, zu vertrauen und zu folgen.

Dein Autoren-Mindset

Die anderen 5 Schreibimpulse (# 2, # 4, # 5, # 7 und # 10) stärken dein Selbstverständnis und Selbstbewusstsein als Autor. Sie dienen dazu, das Mindset eines Schriftstellers in dir zu verankern.

Der englische Begriff »Mindset« hat sich im Coaching auch im deutschen Sprachraum etabliert. Man versteht darunter die innere Einstellung eines Menschen, die dafür verantwortlich ist, wie souverän (oder eben nicht) er in bestimmten Situationen reagiert. Wörtlich übersetzt bedeuten »mind« »Geist« bzw. »Verstand« und »to set« »etwas stellen« oder »einstellen«. So, wie man eine Uhr stellt oder einen Timer einstellt, stellt man also seinen Geist für eine bestimmte Aufgabe ein oder richtet ihn optimal darauf aus.

Mit Schreibimpulsen arbeiten

Erlaube dir, mit den Schreibimpulsen zu spielen. Dabei darfst du wild und verrückt träumen mit der Freiheit und Fantasie eines Kindes. Je besser dir das gelingt, desto leichter werden dir das Texten und das Entschlüsseln deines Buchkonzeptes fallen. Desto lebendiger und charismatischer wird dein Manuskript. Und umso mehr werden es deine zukünftigen Leser lieben.

TIPP:

Die Sorge, etwas falsch oder nicht gut genug zu machen
Wenn wir etwas zum ersten Mal tun, haben wir häufig die Sorge, dass wir es falsch machen könnten oder nicht gut genug. Bitte löse dich, während du den Schreibimpulsen folgst, so gut es dir gelingt, von den traditionellen Regeln oder Vorschriften beim Schreiben. Öffne dich stattdessen voller Vertrauen deinem eigenen schöpferischen Schreibprozess.

Erlaube dir, wild zu experimentieren:
Du darfst dabei unperfekt sein!
Du darfst zu Papier bringen, was immer du willst, auch das, was sich vielleicht erst halb gar zeigt. Es ist egal, wenn eine Formulierung zunächst ungeschickt sein oder sich später als ungeeignet herausstellen sollte. Wichtig ist nur, dass du in einen Fluss kommst, dass du freier schreibst, als du es bisher kanntest. Erlaube dir, dich selbst auszuprobieren, so, wie ein kleines Kind Neues erforscht und dabei auf geniale Weise lernt. Gestatte dir, Freude mit den Schreibimpulsen zu haben. Genieße den Prozess, deine eigene Lebendigkeit und die Unbegrenztheit. Auch wenn dein rationaler Verstand zwischendurch gelegentlich meckert, vertraue auf die Führung des

Buches, das in dir steckt und (vielleicht schon lange) darauf wartet, dass du es endlich angehst. Gib ihm jetzt die Chance, zu leben und für viele andere Menschen eine Bereicherung zu sein.

Hier siehst du die Themen aller Schreibimpulse auf einen Blick:

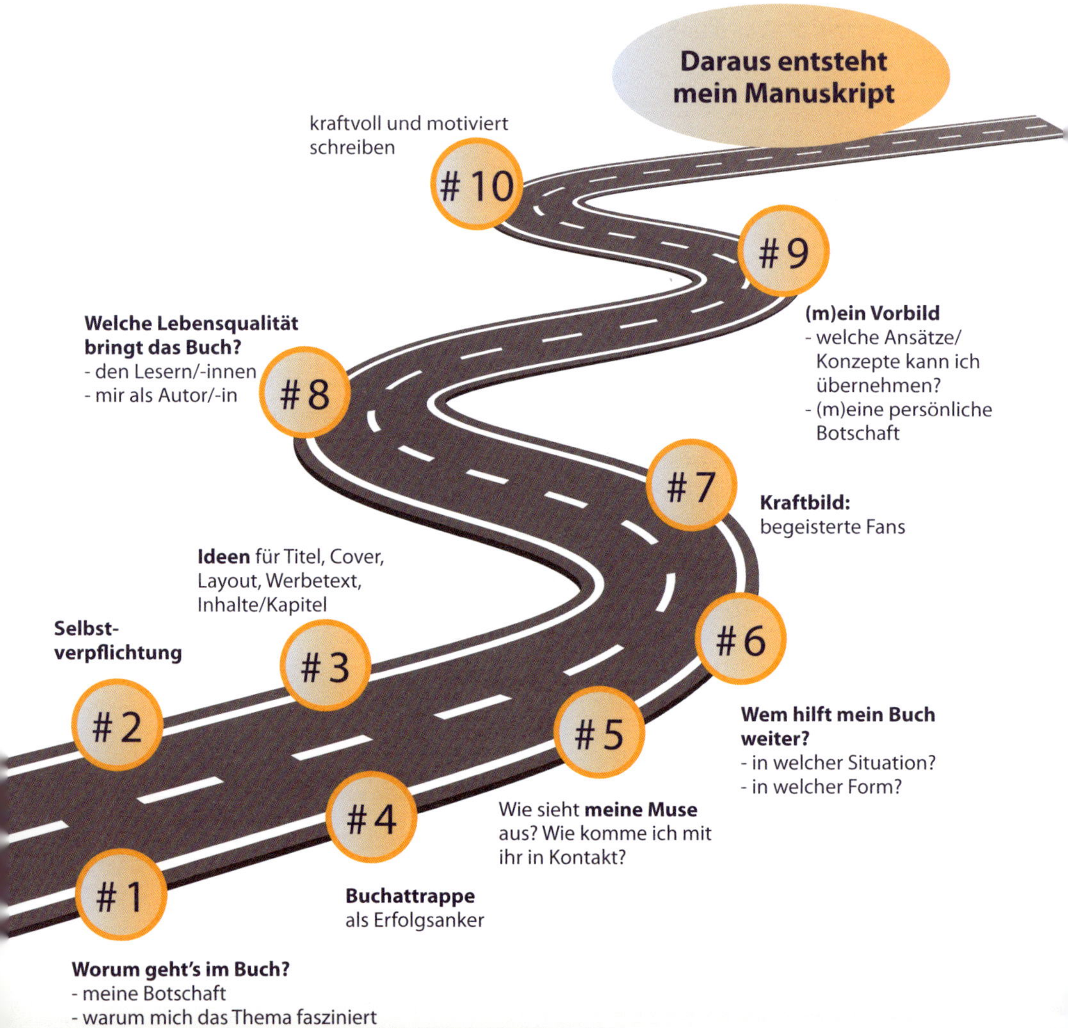

Ich empfehle dir, alle 10 Schreibimpulse nacheinander zu benutzen. So wirken sie am kraftvollsten. Für den Fall, dass dein Zeitkorsett sehr eng ist, solltest du mindestens die Impulse # 1, # 2, # 3, # 6 und # 8 (auch in genau dieser Reihenfolge) abarbeiten.
Wenn du mit einem Schreibimpuls arbeitest, lege dir vorher Papier und Stift bereit. Du wirst jeweils etwa eine halbe Stunde Zeit benötigen. Stelle sicher, dass du währenddessen ungestört bleibst. Im Anschluss an das Schreiben halte deine wichtigsten Erkenntnisse stichpunktartig fest. Nutze dafür den Überblick *Das Grundgerüst deines Buches auf einen Blick* im Anhang, oder notiere deine Erkenntnisse auf einem extra Blatt Papier. Du wirst dort durch Fragen und Impulssätze geführt, sodass diese Aufgabe nur wenige Minuten dauert. Gehe dazu direkt an die Stelle, die zum gerade bearbeiteten Schreibimpuls gehört. Wundere dich nicht, dass die Schreibimpulse im Anhang nicht der Reihenfolge nach geordnet sind. Das liegt daran, dass die Notizen dort dazu dienen, alle deine einzeln gewonnenen Einsichten zusammen noch einmal aus einem neuen Blickwinkel zu betrachten und sie neu miteinander zu verknüpfen.
Du kannst die Notizen zu einem Schreibimpuls auch erst einen Tag später, also nachdem du eine Nacht darüber geschlafen hast, eintragen. Zögere diesen letzten Schritt jedoch auf keinen Fall länger als 24 Stunden hinaus.

Warum es hier vorrangig um SACHBÜCHER geht

Wie du nun schon weißt, entstehen beim kreativen Schnellschreiben die Buchinhalte in der Regel rein intuitiv. Auch die Wahl des Themas wird dabei häufig auf einer Ebene getroffen, die jenseits des rationalen Entscheidungsdenkens liegt. So war es bei allen meinen bis jetzt veröffentlichten Büchern. Sie sind alle Selbsthilfe-Ratgeber, die Menschen dabei unterstützen, alte, sie einengende Konditionierungen in sich zu entlarven und zu überwinden, um das zum Strahlen zu bringen, was von Natur aus in ihnen steckt. Dass sich beim intuitiven Schreiben genau diese Bücher und Buchthemen bei mir gezeigt und ausgebildet haben, ist zutiefst stimmig für mich. Für mich selbst sind auf dem Weg, den ich in diesem Buch beschreibe, bisher ausschließlich Sachbücher entstanden. Deshalb fühle ich mich auch nur in diesem Genre befugt, angehende Autoren an die Hand zu nehmen.

Das bedeutet nicht, dass nicht auch ich davon träume, irgendwann einen Roman zu schreiben und zu veröffentlichen. Tatsächlich war vor über 30 Jahren eins der allerersten von mir intuitiv geschriebenen Bücher ein Fantasy-Roman mit dem Titel *Die Reise nach Halepp*. Er hat es leider bis heute nicht aus dem großen Karton mit alten Manuskripten in meinem Keller in die Phase der finalen Überarbeitung geschafft. Aber er hatte damals, vor über 30 Jahren, schon eine ganze Reihe von Testlesern. Erst kürzlich erzählte eine alte Studienkollegin, ihr sei beim Aufräumen auf dem Dachboden mein Halepp-Roman wieder in die Hände gefallen. Sie habe ihn jetzt noch mal gelesen und fände ihn wirklich gut. In den letzten 3 Jahrzehnten bin ich immer wieder von Testlesern und Mitgliedern meiner damaligen Schreibgruppe auf dieses Buch angesprochen worden. Es besitzt offensichtlich die Fähigkeit, sich bei seinen Lesern auf Dauer in Erinnerung zu halten.

Warum ich diese Erfahrung mit dir teile? Es ist enorm wichtig, sich bei einem kreativen Projekt dem anfänglichen Schwung der Begeisterung bis zur endgültigen Fertigstellung zu verpflichten. Wurde dieser Schwung, dieser Schaffensfluss, erst einmal für längere Zeit unterbrochen, gelingt es später nur in den seltensten Fällen, das Werk zu vollenden. Diese Erfahrung habe ich nicht nur mit Büchern gemacht, sondern auch beim Malen von Bildern und beim Stricken von Pullovern.

Hast du vielleicht auch schon einmal Ähnliches erlebt? Dann weißt du, dass du ab jetzt dein neues Buch-Baby kontinuierlich großziehen musst. Bleibe unbeirrbar am Ball, bis der Text so weit gereift ist, dass du ihn einem Verlag anbieten oder ihn selbst publizieren kannst. Dann wird dein Traum von Buch Realität und verschwindet nicht im Keller.

Alles, was du in Teil 1 gelesen hast, wird dir auch dabei helfen, einen Roman schneller, leichter und lustvoller zu verfassen. Oder eine (Auto-)Biografie. Genauso kannst du die Schreibimpulse in Teil 2 für erzählende Texte benutzen. Du musst dabei lediglich deinen Fokus etwas verändern. Er liegt dann eher auf Fragen wie: »Welches Genre zieht mich an? Welche Art von Romanen lese ich selbst liebend gern? Welche Art von Filmen schaue ich? Was berühren diese Geschichten in mir? Welche Gefühle werden dadurch in mir lebendig? Was erlebe ich innerlich so gern mit einem Helden oder einer Heldin, dass ich dafür Stunden oder

Tage meiner Freizeit opfere? Möchte ich innerlich ein spannendes Abenteuer durchleben oder Gefahrensituationen? Liebe ich es, mit einem Helden zu durchfühlen und zu erleben, wie er oder sie persönlich wächst, wie er oder sie endlich zu sich selbst findet und dann schließlich auch von anderen (an)erkannt wird? Wenn ich in die Schuhe eines anderen schlüpfe, welche Figuren bevorzuge ich? Sind es Banker oder Erfinder, Zeitreisende oder Vampire? Fasziniert mich die Erlebniswelt von Polizisten oder von Bankräubern oder von Frauen auf der Suche nach dem Traummann? Welche Erlebnisse und Gefühle (und auch Lernerfahrungen oder Erkenntnisse) möchte ich durch meine Geschichte(n) anderen schenken? Welches intensive innere Erleben oder welche Art von innerer Auszeit oder Reise ihnen ermöglichen?«
Für mich persönlich ist die Möglichkeit, schreibend ganze Welten neu entstehen zu lassen, ausgesprochen faszinierend.

Die SCHREIBIMPULSE

Schreibimpuls # 1: Worum geht es in deinem Buch?

Du träumst davon, ein Buch zu schreiben und publizierter Autor zu werden. Fakt ist: In dir möchte sich eine Stimme schreibend ausdrücken. Sie möchte etwas publik machen, von dem sie es für wichtig hält, dass andere Menschen es erfahren oder lernen. Jetzt ist der Moment gekommen, diese Stimme anzuhören. Sie wartet möglicherweise schon länger darauf, sich mitzuteilen. Versichere ihr, dass du jetzt bereit bist, ihr Raum zu geben. Und, dass du froh bist und dankbar, dass sie so geduldig auf dich gewartet hat und so hartnäckig war, sich immer wieder bei dir zu melden. Versichere ihr, dass du sie nun wirklich anhören und dir ab heute regelmäßig Zeit für sie nehmen wirst.
Dann bitte sie, dir ihre Message, ihr Anliegen und den Grund für ihr Drängen so zu erklären, dass du gut erfassen kannst, was ihr so wichtig ist und weshalb.
Fragen, die du deiner Schreibstimme stellen könntest, sind:

- Worüber soll ich schreiben? Über welches Thema?
- Worum geht es mir? Was ist meine Botschaft?
- Warum ist mir die Botschaft so wichtig? Und inwiefern ist sie wichtig für die zukünftigen Leser? Was wird das Buch in ihnen berühren?
- Welches Erlebnis oder welche Erfahrungen waren ausschlaggebend dafür, dass mich dieses Thema so fasziniert und begeistert?

- Wie wurde mein eigenes Leben durch dieses Know-how so stark bereichert, dass ich es jetzt unbedingt auch mit anderen Menschen teilen möchte?

Lege dieses Buch zur Seite, und schließe für einen Moment deine Augen. Nimm dir einige Minuten Zeit, um innerlich auf Empfang umzuschalten. Atme dazu ein paarmal bewusst in deinen Herzensraum. Verbinde dich mit deinem Herzen und mit deiner Herzenswahrheit. Verbinde dich, entspannt und sanft atmend, mit dir selbst. Und verbinde dich auch mit dem Raum um dich herum. Stelle dir vor, du verbindest dich innerlich mit der ganzen Welt, insbesondere mit den Menschen, für die dein Buch gedacht ist. Werde innerlich still, öffne dich, und lausche, was deine innere Stimme dir erzählt. Oder was sie dir in Form von inneren Bildern und Erinnerungen zeigt. Welche Gefühle löst sie in dir aus? Während du weiter innerlich zuhörst, zuschaust und nachspürst oder dich erinnerst, fange an zu schreiben.
Auch wenn du jetzt noch nicht weißt, welche Wörter, welche Erinnerungen, welche Erkenntnisse oder Argumente du aufs Papier bringen wirst, schreibe dennoch los. Stelle dir vor, dass sich deine Hand und der Stift wie von allein bewegen. Schreibe dabei so schnell du kannst.
Atme zum Abschluss noch einmal bewusst etwas tiefer ein und aus. Und dann kehrst du mit einem zufriedenen Lächeln im Gesicht in dem für dich stimmigen Tempo hierher zurück in den Raum, wo du sitzt. Spüre, wie jetzt dein Vertrauen in dich und das, was du mit anderen zu teilen hast, stärker wird.
Gehe bitte erst zum nächsten Impuls weiter, nachdem du für mindestens 10 Minuten geschrieben hast. Und denke auch daran, anschließend die wichtigsten Erkenntnisse im Anhang festzuhalten.

Schreibimpuls # 2:
Triff eine Entscheidung

Ich möchte an dieser Stelle eine meiner Schreiberfahrungen mit dir teilen. Damals habe ich erkannt, dass und warum es wichtig ist, sich als Autor innerlich fest dazu zu verpflichten, ein Buch wirklich zu Ende zu schreiben. Nur dann wirst du das erforderliche Durchhaltevermögen aufbringen, um auch dann weiterzuschreiben, wenn dich bisweilen Zweifel verunsichern.
Ich hatte damals mein erstes Buch, mein Studenten-Coachingbuch, etwa zur Hälfte fertig geschrieben. Als ich dann meine Texte noch einmal las, schlug mein innerer Kritiker zu. »Das ist echt nicht gut genug, um es dem Verlag zu schicken«, brummte er. »Gib es auf, das schaffst du nie.« Er war so überzeugend, dass ich in dem Moment ernsthaft überlegte, das Buch nicht mehr weiterzuschreiben. Glücklicherweise hatte ich einen guten Freund, der zu mir sagte: »Du musst dich irgendwann dafür *entscheiden,* gut genug zu sein. Schreibe das Buch jetzt einfach weiter und fertig. Okay, es mag vielleicht sogar stimmen, dass die Texte besser sein könnten. Aber auch davon solltest du dich jetzt nicht aufhalten lassen. Du kannst das Buch doch ohnehin nur so gut schreiben, wie es dir gelingt. Wir haben oft darüber gesprochen, wie wichtig und hilfreich es für so viele junge Menschen sein wird, deinen Ansatz von einem befreiten Lernen kennenzulernen. Deshalb wäre es immer noch besser, wenn das Buch nicht ganz perfekt auf den Markt kommt, als überhaupt nicht.« Daraufhin beschloss ich (trotz meiner Zweifel), mein Buch, das Studierenden neuen Mut machen und ihnen zeigen sollte, wie sie selbstbewusst, authentisch und erfolgreich studieren, zu Ende zu schreiben. Ich machte mir bewusst, dass meine Kenntnisse, meine Erfahrung und mein

Schreib-Know-how dafür auf jeden Fall ausreichen, und vollendete das Manuskript, so gut es mir gelang. Es wurde schon wenige Wochen nach seinem Erscheinen ein Bestseller und ist mittlerweile in der 5. Auflage erschienen.

Triff nun deine Entscheidung!
Wenn du dem Schreibimpuls # 1 gefolgt bist, weißt du jetzt, warum du (vermutlich schon länger) davon geträumt hast, ein Buch zu schreiben. Du weißt, worum es in deinem Buch geht, was das Thema ist und warum es dein Thema ist. Triff nun eine Entscheidung, und schließe eine Vereinbarung mit dir selbst: Verpflichte dich dir selbst gegenüber, dein Buch tatsächlich zu Ende zu schreiben.
Dazu kannst du entweder selbst einen geeigneten, kraftvollen Text entwerfen, oder du benutzt die folgende Vorlage. Am besten kopierst du sie dafür farbig in DIN A4.

Trage deinen Namen ein und die wichtigsten Gründe, aus denen es wichtig ist, dass dein Buch in die Welt kommt. Hänge deine Vereinbarung an deinem Schreibplatz auf. Oder mache ein Foto davon, und benutze es als Hintergrundbild für dein Smartphone. Auf diese Weise dient es als Erinnerungsstütze und Motivationsverstärker.
Falls du dich dazu entschieden hast, ab sofort als Autor aktiv zu werden, freue ich mich. Gratulation! Ich bin mir sicher, du schaffst das!

Ich, ______________________________, werde jetzt endlich Autor!

Das Buch in mir, das JETZT geboren werden will, wird mein Schreiben leiten.
Ich empfange schreibend die Inhalte mit Leichtigkeit und verblüffend schnell.
Ich vertraue meiner Intuition. Mithilfe der Schreibimpulse nimmt mein Buch täglich mehr Gestalt an.
Warum es so wichtig ist, dass ich das Buch JETZT endlich gebäre und in die Welt bringe:

____

____

____

____

____

____

Ich freue mich auf und genieße die wunderbaren Momente, in denen mein Buch immer mehr Gestalt annimmt.
Ich vertraue. Ich schreibe mit Freude. Ich bin gut.

Schreibimpuls # 3:
Stelle dir vor, dein Traum ist wahr geworden

Lies die folgende Anleitung zunächst ganz durch. Danach kannst du beim zweiten Lesedurchgang in deinem eigenen Tempo parallel mitarbeiten und schreiben. Suche dir dafür einen ruhigen Ort, an dem du für eine Weile ungestört bleibst, und lege Stift und Papier bereit.
Mit diesem Schreibimpuls machst du eine Reise in die Zukunft, um dort weitere Informationen zu deinem Buch aufzuspüren. Das gefühlsmäßige Erleben zukünftiger Ereignisse ist eine kraftvolle Standard-Coachingtechnik. Du reist deshalb jetzt in Gedanken in deine Zukunft als erfolgreicher Autor. Dort erschaust du, was entstehen wird, wenn du deiner Intuition, den Impulsen deines Potenzials und denen des Buches, das in dir steckt, folgst.

Meditation

Vorbereitung

Schließe, bevor du weiterliest, für einen Moment deine Augen. Nimm dir einige Minuten Zeit, um innerlich auf Empfang umzuschalten. Atme dazu ein paarmal bewusst in deinen Herzensraum. Verbinde dich mit deinem Herzen und mit deiner Herzenswahrheit. Verbinde dich, entspannt und sanft atmend, mit dir selbst. Verbinde dich auch mit dem Raum um dich herum. Stelle dir vor, du verbindest dich innerlich mit der ganzen Welt, insbesondere mit den Menschen, für die dein Buch gedacht ist.

Halte, während du weiterliest, einen ruhigen, meditativen Zustand bei, so gut es dir gelingt. Nimm dir für das Lesen dieses Schreibimpulses so viel Zeit, wie du benötigst. Erlaube dir dein eigenes Tempo. Vielleicht legst du zwischendurch kleine Pausen ein, um mit geschlossenen Augen die Bilder besser visualisieren oder erspüren zu können.

Die Reise geht los

Vor deinem inneren Auge siehst du einen (analogen oder elektronischen) Kalender. Nun stelle dir vor, er blättert um und die Zeit läuft wie im Zeitraffer weiter. Erst um einige Tage, dann um Monate und schließlich um ein ganzes Jahr. Oder vielleicht auch zwei. Das Kalenderblatt bleibt stehen. Schaue hin, es ist das heutige Datum, nur ein oder zwei Jahre in der Zukunft.

Du brauchst heute, in der Zukunft, ein Geschenk für einen Freund, der sehr gern liest. Deshalb machst du dich auf den Weg in einen Buchladen, in dem du schon oft Bücher nach deinem Geschmack gefunden hast. Als du den Laden betrittst, fällt dein Blick auf einen großen Auslagentisch, der direkt neben dem Eingang steht. Neu erschienene Bücher werden dort einladend und für jeden Kunden gut sichtbar präsentiert. Das eine oder andere

Buchcover macht dich neugierig. Du trittst näher – und erstarrst. Da! Das ist doch dein Cover! Hier liegt *dein* Buch gut sichtbar direkt am Eingang des Ladens. Sogar ein ganzer Stapel davon. Wow! Dein Herz schlägt schneller. Freudig überrascht denkst du: »Davon, genau von dieser Situation, habe ich immer geträumt.« Während du noch staunend dastehst, überwältigt, dass dein lang gehegter Traum jetzt tatsächlich wahr geworden ist, tritt die Buchhändlerin neben dich. In der Hand hält sie eins deiner Bücher. Sie deutet auf das Autorenfoto auf dem Umschlag und sagt: »Sind Sie der Autor von diesem fantastischen Buch?«
»Ja, das bin ich«, antwortest du freudig, »und ich bin begeistert, mein Buch hier in Ihrem Laden an so prominenter Stelle zu entdecken.« Du nimmst nun auch eins deiner Bücher von dem Stapel auf dem Tisch. Ja, nun hältst du es in der Hand, dein eigenes Buch. Fühlst du es? Spürst du sein Gewicht in der Hand? Ist es dick oder eher dünn? Großformatig oder eher klein? Wie sieht es aus? Welche Farben dominieren das Cover? Kannst du das Covermotiv erkennen? Wie lautet der Titel?
»Gratulation!«, sagt jetzt die Buchhändlerin. »Ihr Buch hat es im Nu auf die Bestsellerlisten geschafft! Diese Ehre hat es wirklich verdient. Denn wissen Sie, Ihr Buch geht auch hier bei uns im Laden weg wie warme Semmeln.« Sie deutet mit dem Zeigefinger auf die Position deines Buches in der Bestsellerliste, die an der Wand hängt. Schau hin, das ist wahrhaftig ein großer Erfolg.
Nun drehst du das Buch in der Hand um. Du liest den Klappentext auf der Rückseite. Oder du bittest die Buchhändlerin darum, ihn dir vorzulesen: Worum geht es in dem Buch? Mit welchen Worten und mit welchen Argumenten hat es das Buch geschafft, so viele Leser erfolgreich in seinen Bann zu ziehen?
Dann schlägst du das Buch auf, betrachtest das Inhaltsverzeichnis. Ist es dir möglich, etwas zu erkennen oder zu erspüren, einzelne Kapitelüberschriften vielleicht?

Die Buchhändlerin räuspert sich, sie steht immer noch neben dir. »Entschuldigen Sie, aber es ist mir ein Bedürfnis, Ihnen zu sagen, wie tief mich Ihr Buch berührt hat. Besonders dadurch, dass es …« Höre weiter zu, was sie zu deinem Buch zu sagen hat. Oder was sie dir in Form von inneren Bildern oder Gefühlen vermittelt. Lasse dir Zeit dabei.

Dann fange an, zu schreiben

Beschreibe deine Erlebnisse im Buchladen wie eine reale Erinnerung. Schreibe so schnell, wie es dir möglich ist, mindestens für 10 Minuten. Lasse deine Hand mit dem Stift wie von allein übers Papier gleiten, Wörter formen und ganze Sätze. Beginne damit, wie du den Laden betreten hast. Wie hast du dich gefühlt, als du dort unerwartet dein Buch an so prominenter Position direkt neben dem Eingang entdeckt hast? Wie lag es dort auf dem Tisch? Was war dein erster Eindruck? Was hast du gedacht oder gefühlt, als du dein Buch in der Hand gehalten hast? Wie lautete der Titel? Beschreibe das Cover deines Buches, so gut es dir gelingt. Wenn du es vielleicht nicht klar sehen oder anders wahrnehmen konntest, lasse einfach jetzt deiner Fantasie freien Lauf.
Dann beschreibe das Gespräch mit der Buchhändlerin: Was hat sie zu dir gesagt? Welche ihrer Worte haben dich besonders berührt? Und dann, was war es für ein Gefühl und was hast du gedacht, als du deinen Titel auf der Bestsellerliste entdeckt hast? Erinnere dich an den Klappentext, den du im Laden gelesen hast. Notiere – auch wenn du vielleicht jetzt (noch) nicht weißt, wohin dein Stift dich führen wird – die wichtigsten Argumente, die dein Buch in der Zukunft auf Anhieb zum Bestseller gemacht haben. Beachte dabei, dass potenzielle Leser beim ersten Buchkontakt weniger an Details oder den Buchinhalten interes-

siert sind. Sie wollen in erster Linie wissen: »Was bringt es mir, dieses Buch zu lesen?« Diese Frage hat dein Klappentext brillant beantwortet.
Öffne dann in deiner Vorstellung noch einmal dein Buch. Siehst du oder erspürst du das Inhaltsverzeichnis? Was sind die Inhalte des Buches? Dann blättere in deiner Vorstellung im Buch. Fällt dir dabei irgendetwas auf? Halte schreibend alles fest. Und auch hier gilt: Selbst wenn du meinst, nichts gesehen oder wahrgenommen zu haben, schreibe trotzdem los. Stelle dir dabei vor, dass dein Stift wie von selbst über das Papier flitzt.
Oder du schreibst nacheinander die folgenden Sätze ab und vervollständigst sie dann jeweils im Schreibfluss:

- Als ich den Buchladen betreten habe und mein Buch da unvermutet auf dem Tisch direkt neben der Eingangstür entdeckt habe, da …
- Ich fühlte mich, als ob …
- Ich war überglücklich, weil …
- Der Buchtitel war …
- So hat das Cover meines Buches ausgesehen: …
- Die Beschreibung auf der Buchrückseite lautete: …
- Inhalte des Buches waren: …
- Von den Worten der Buchhändlerin hat mich am meisten berührt, als sie sagte: …
- Ansonsten ist mir noch aufgefallen, dass …
- Was ich als erfolgreicher Autor aus der Zukunft meinem Ich im Jetzt sagen möchte, ist …

Und denke daran, anschließend die wichtigsten Erkenntnisse auch im Anhang festzuhalten.

Schreibimpuls # 4:
Dein Buch aus der Zukunft greifbar ins Jetzt holen

Hier kommt ein verspielter Trick, den ich für mich selbst schon wiederholt genutzt habe. Ich habe ihn auch anderen angehenden Autoren empfohlen, die damit genauso viel Vorfreude auf ihr zukünftiges Buch entwickelt haben wie ich. Damit kannst du dein Buch aus der Zukunft greifbar ins Jetzt holen und buchstäblich jetzt schon in der Hand halten. Als Anker unterstützt es dann deine Motivation und Durchhaltekraft beim Schreiben. Die Technik des Ankerns stammt aus dem Coaching: Mithilfe eines geeigneten Gegenstands kann man sich ein kraftvolles Erlebnis – hier ist es dein Besuch des Buchladens in der Zukunft (siehe Schreibimpuls # 3) – jederzeit schnell vergegenwärtigen.
Bastle dir dafür eine Attrappe deines Buches. Dazu brauchst du ein leeres Notizbuch in DIN A5. Dann gestaltest du am Computer das Buchcover. Das geht leicht mit *PowerPoint, Photoshop* oder zur Not auch *Paint,* oder du kannst es mit der kostenlosen Online-Grafiksoftware *Canva** erstellen. In *Canva* gibt es sogar bereits vorgefertigte, sehr professionell aussehende Buchcover-Vorlagen, die man leicht mit dem eigenen Buchtitel, mit individuellen Farben und einem geeigneten Bild anpassen kann.
Wähle die Farben, den Titel, das Layout und ein Coverbild so, wie du es im Schreibimpuls # 3 beschrieben hast. Dann druckst du das Attrappen-Cover aus und klebst es vorn auf die Kladde.

Stelle oder lege das Buch an einen Platz, wo du es möglichst oft siehst und in die Hand nehmen kannst. Vielleicht legst du es gut

* www.canva.com.

sichtbar auf deinen Schreibtisch. Oder du trägst es in deiner Akten- oder Handtasche stets bei dir.
Eine befreundete Autorin hat ihr Cover auf einen schmalen Aktenordner geklebt. Darin heftet sie dann immer die jeweils aktuelle Version ihres Manuskripts ein.

Schreibimpuls # 5: Musenkuss

Was ist eine Muse?

Der Begriff der Musen-Göttinnen stammt aus der griechischen Mythologie. Er ist mit der Vorstellung verknüpft, dass Menschen kreative Einfälle oder geistesblitzartige Ideen niemals selbst entwickeln können und dass diese uns von den Göttern geschenkt werden müssen. In der Mythologie brachte die Muse den Dichtern (mit einem Kuss) das Geschenk göttlicher und genialer Inspiration. Von der Muse geküsst zu sein, ist bis heute ein Synonym dafür, künstlerisch inspiriert zu sein.
Man sagt, um ein wirklich gutes Buch zu schreiben, brauche es den Kuss einer Muse. Oder göttliche Eingebung. Oder den Hauch eines Flügelschlages des Pegasus, des berühmten geflügelten Pferdes der griechischen Mythologie. Dem Mythos nach ist der Pegasus das Lieblingstier der Musen. Ihm wird nachgesagt, er entfache die schöpferische Fantasie der Menschen.
Doch mit dem Musenkuss verhält es sich oft wie mit der Hauskatze: Er kommt meist nicht zu uns, wenn wir gerade Sehnsucht nach ihm haben. Ebenso springt die Katze nicht neben dir aufs Sofa, wenn du es dir wünschst. Aber etwas später kommt sie plötzlich doch: Nachdem du es dir dann schon allein auf dem Sofa gemütlich gemacht hast. Oder nachdem du, auch ohne die Eingebung deiner Muse, zu schreiben begonnen hast. Dann hat sie sich unbemerkt von hinten angeschlichen und sitzt oder steht ganz still neben dir. Und damit sie nun überhaupt bemerkt wird, haucht sie dir bezirzend einen Kuss auf die Wange.

Welches Wesen ist für dich eine geeignete Inspirationsquelle?

Jetzt kannst du es herausfinden. Schließe für einen Moment deine Augen. Entspanne deinen Körper, atme ein paarmal bewusst tief ein. Lasse innerlich los. Erlaube dir, überrascht zu werden. Deine Intuition führt dich zu dem Musenkontakt, der am besten geeignet ist, dich zu inspirieren.
Vielleicht spürst du einen sanften, fast gehauchten Kuss deiner Muse. Oder du spürst den zarten, aber dennoch deutlich wahrnehmbaren Wind des Flügelschlags eines Pegasus. Oder du siehst vielleicht innerlich das weiß-silbern schimmernde geflügelte Pferd. Schaue hin und spüre nach, wer sich jetzt bei dir zeigt oder meldet, um dich beim Schreiben optimal zu unterstützen. Wer ist deine Muse? Es kann auch eine körperlose, sanft flüsternde Stimme neben deinem Ohr sein. Vielleicht hörst du den Namen eines Wesens, oder du erspürst auf deine ganz eigene Art, welche Muse schon länger darauf wartet, dich beim Schreiben zu inspirieren und zu beflügeln.
Dann bitte deine Muse, welche Form sie auch immer für dich angenommen haben mag, eine Weile bei dir zu bleiben. Frage sie nach einem Kuss, einem Flügelschlag oder einem anderen Hauch der Inspiration. Lasse sie nun deine Hand und deinen Stift führen. Bitte sie darum, dass frische, kreative, lebendige Wörter durch deine Feder fließen. Jetzt!

Dann lege mit dem Schreiben los

Erzähle schreibend von deiner Begegnung mit der Muse und von ihrem Kuss. Notiere, was sie dir zu deinem Buchmanuskript verrät. Vergiss nicht, sie zu fragen, was du tun solltest, damit du auch

in Zukunft bei der Schreibarbeit an deinem Buch immer auf ihre Unterstützung zählen kannst. Sie verrät dir, was dir helfen kann, ab jetzt ihre Anwesenheit immer zu spüren und niemals mehr zu verpassen. Vielleicht vereinbart ihr ein Erkennungszeichen?
Und denke daran, anschließend deine wichtigsten Erkenntnisse auch im Anhang festzuhalten.

Schreibimpuls # 6: Was sagen die Leser?

Mache noch eine Reise in die Zukunft! Du kannst beim Weiterlesen als Unterstützung die Attrappe deines Buches aus dem Schreibimpuls # 4 in die Hand nehmen. Spüre dabei bewusst das Gewicht des Buches, deines zukünftigen Buches, in der Hand. Betrachte es ein paar Atemzüge lang mit entspanntem, weitem Blick. Es ist ein erhebender Moment, wenn man als Autor sein Werk in einem Buchladen entdeckt. Ich hoffe, das war auch für dich so im Schreibimpuls # 3. Ein anderer, vergleichbar besonderer Moment (in dem du als Autor erkennst: »Jetzt ist mein Traum wahr geworden«) ist, wenn du zum ersten Mal Leserstimmen zu deinem Buch bei Amazon oder an anderer Stelle entdeckst und liest. In diese Autorenzukunft reist du heute.

Meditation

Vor deinem inneren Auge siehst du einen (analogen oder elektronischen) Kalender. Dann stelle dir vor, er blättert um. Die Zeit läuft im Zeitraffer weiter. Erst nur um einige Tage, dann um einige Monate, dann um ein ganzes Jahr. Oder vielleicht auch zwei.

Schaue hin, es ist das heutige Datum, nur ein oder zwei Jahre in der Zukunft. Dein Buch ist mittlerweile erscheinen.
Du sitzt am Computer, öffnest im Browser die Amazon-Seite und gibst oben in der Suchleiste deinen Namen ein. Wow, sofort erscheinen das Cover deines Buches, der Titel und die Buchbeschreibung.
Dann siehst du, dass es auch schon erste Rezensionen gibt. Es sind ausschließlich 5-Sterne-Rezensionen! Dein Herz schlägt freudig schneller, während du runterscrollst, um die Rückmeldungen zu deinem Buch zu lesen … Es wird in den höchsten Tönen gelobt.
Lege für einen kurzen Moment dieses Buch zur Seite. Schließe deine Augen, und atme ein paarmal bewusst tiefer ein und aus als sonst. Entspanne die Schultern und dein Gesicht. Dann erfasse in deiner Vorstellung, was da Positives über dein Buch geschrieben wurde.

Nun schreibe los

Setze deinen Timer auf 10 Minuten, und schreibe los. Beginne mit zwei Sätzen in der Art: »Heute ist der … (setze hier dein Zukunfts-Zieldatum ein). Ich bin stolze/-r Autor/-in des Buches … (setze hier den Titel aus Schreibimpuls # 3 ein – oder du schreibst so etwas wie ›eines Ratgeber zum Thema …‹).« Nun beschreibe, wie du dich gefreut hast, als du dein Buch und die ersten Rezensionen im Internet entdeckt hast. Und, welche Rückmeldungen begeisterter Leser du dort gelesen hast.
Du musst dafür jetzt noch nicht notwendigerweise wissen, was du gleich als Nächstes schreiben wirst. Lasse dich von deinem Stift und deiner Hand, von deinem Herzen und deiner Intuition leiten. Schreibe einfach los, vertraue dem Textfluss. Was war das Feedback eines Menschen, der schon lange auf genau so ein Buch, wie du es geschrieben und veröffentlicht hast, gewartet hatte? Warum

hat er oder sie genau deine Message und Hinweise so dringend gebraucht? Wofür? Wobei hat ihm oder ihr dein Buch so enorm geholfen? Was hat sich in seinem oder ihrem Leben positiv verändert? Wie genau hat dein Buch ihr oder ihm geholfen, Herausforderungen besser zu meistern als zuvor?

Nachdem du 10 Minuten lang geschrieben hast (oder so lange, wie dein Schreibfluss dich trägt), gib deinem Text, so, wie es bei Amazon-Rezensionen üblich ist, einen Titel. Was wäre eine passende Überschrift, die andere sofort neugierig macht und anregt, dein Buch ebenfalls zu lesen?

Ergänze dann den Rezensionstext um eine Empfehlung dieses Lesers an andere. Mit welchem Argument, mit welcher Begründung hat er das Buch weiterempfohlen? Für welche Menschen in welcher Lebenssituation ist nach Meinung dieses Lesers das Buch besonders gut geeignet?

Und denke daran, abschließend deine wichtigsten Erkenntnisse auch im Anhang festzuhalten.

Schreibimpuls # 7:
Deine begeisterten Fans

Schaffe dir einen Bildanker, den du an deinem Schreibplatz aufhängst, um damit den Schreibfluss und deine Motivation durch einen visuellen Impuls deiner begeisterten Leser zu verstärken. Das folgende Bild kannst du leicht auf einem DIN-A4-Blatt nachgestalten. Klebe deinen Cover-Dummy (aus Schreibimpuls # 4) in die Mitte, und zeichne die Hände mit bunten Filzstiften.

Du kannst auch ein Foto davon machen, um es als Hintergrundbild auf deinem Smartphone zu nutzen.

Schreibimpuls # 8:
Welchen Zuwachs an Lebensqualität bringt dein Buch den Lesern?

Meditation

Reise jetzt noch einmal in die Zukunft, und visualisiere, wie dein Buch das Leben deiner Leser verändert. Vor deinem inneren Auge siehst du einen (analogen oder elektronischen) Kalender. Dann stelle dir vor, er blättert um. Die Zeit läuft im Zeitraffer. Erst um einige Tage, dann um einige Monate, dann um ein ganzes Jahr. Oder vielleicht auch um zwei. Schaue hin, es ist das heutige Datum, nur ein oder zwei Jahre in der Zukunft.

Nun beobachtest du, wie verschiedene Menschen in deinem Buch lesen. Wo sitzen sie, während sie das tun? Wie ist ihre Haltung? Beobachte, wie sie beim Lesen lächeln und erleichtert durchatmen. Sieh, wie glücklich diese Menschen sind, weil ihnen das, was du geschrieben hast, so enorm weiterhilft. Sie sind dankbar, weil sie mit deiner Hilfe nun wissen, wie sie ihre Probleme lösen oder eine anstehende Herausforderung souverän meistern können. Sie sind froh, weil ihnen dein Buch, deine Message und deine ganz eigene Art, dieses Thema anzugehen, echte Aha-Erlebnisse und wichtige Erkenntnisse bringen. Vielleicht kannst du in deiner Vorstellung auch hören, wie sie begeistert mit anderen über dein Buch sprechen.

Dein Buch hat mittlerweile viel Begeisterung, Erleichterung, neuen Mut und neue Erfolge in das Leben von zahlreichen Menschen gebracht. Jetzt erkennst du, wie wichtig es nicht nur für dich selbst, sondern insbesondere auch für viele andere war, dass du damals, vor ein oder zwei Jahren, dein Buch endlich zu Ende geschrieben und in die Welt gebracht hast. Spüre jetzt (immer noch in der Zukunft) auch, wie froh du heute bist, dass du damals den Entschluss gefasst hast, dein Buch tatsächlich zu schreiben.

Nun schreibe los

Setze jetzt deinen Timer auf 10 Minuten, und schreibe los. Du musst dafür jetzt noch nicht wissen, was du gleich im Detail aufschreiben wirst. Lasse dich von deinem Stift und deiner Hand, von deinem Herzen und deiner Intuition leiten. Schreibe einfach los, und vertraue dem Textfluss: Beschreibe, was du eben in der Zukunft gesehen, gehört oder erspürt hast. Beschreibe die verschiedenen Menschen, die durch dein Buch, durch deine Art, zu schreiben und Wissen zu vermitteln, enorm bereichert wurden. Sind es eher Frauen oder Männer, oder spielt das Geschlecht keine Rolle? In welcher Lebensphase oder Lebenssituation befinden sie sich? Weshalb begeistert sie das Buch so sehr? Welchen Zuwachs an Lebensqualität hat ihnen dein Buch gebracht?
Spüre anschließend auch (und halte auch das unbedingt schriftlich fest), inwiefern und warum nun dein Vertrauen in dich und das, was du schreiben willst, wächst und stärker wird.
Und denke daran, anschließend deine wichtigsten Erkenntnisse auch im Anhang festzuhalten.

Schreibimpuls # 9: Ein inspirierendes Vorbild

Wenn man sich verschiedene Ratgeber zu einem Thema anschaut, erkennt man schnell: Nicht nur der Inhalt entscheidet darüber, ob ein Buch inspirierend und hilfreich ist oder angenehm zu lesen. Die persönliche Betrachtungsweise des jeweiligen Autors und sein Schreibstil beeinflussen maßgeblich, wie ein Buch einen Leser erreicht.
Welcher Ratgeber oder welcher Autor spricht dich besonders an? Vermutlich steht ein solches Buch griffbereit in deinem Schrank, oder du hast es auf deinem E-Book-Reader. Sollte das nicht der Fall sein, dann mache bitte, bevor du diesen Schreibimpuls nutzt, eine kleine Exkursion. Gehe in einen Buchladen oder in eine Bibliothek, und kaufe oder leihe dir dort ein Buch, das dich besonders anspricht.

Betrachte ein Buch mit den Augen eines Autors

Betrachte jetzt (mindestens) eins dieser Bücher mit den Augen eines Autors. Was gefällt dir so gut daran? Inwiefern ist dieses Buch anders und aus deiner Sicht besser als andere Bücher zum gleichen Thema?
Ist es das Layout? Oder sind es übersichtliche Zusammenfassungen jeweils am Ende oder am Anfang eines Kapitels? Sind es besonders anschauliche Praxisbeispiele? Oder die praktischen Anwendungstipps? Ist es ein besonders klarer, gut verständlicher Stil? Wenn das der Fall sein sollte, schaue genauer hin. Wodurch genau zeichnet sich dieser Stil aus? Ist es ein spezieller Humor oder die persönliche Ansprache des Lesers? Gefallen dir die zwi-

schendurch eingestreuten, ermutigenden Zitate? Vielleicht sind es die Bilder im Buch? Oder Abbildungen, die die Inhalte optisch auf einen Blick verständlich zusammenfassen? Oder vielleicht sind es Checklisten für die Praxis?
Welche Stärken hat dieses Buch aus deiner Sicht? Und wie könntest du das auf dein Thema und auf dein Buch übertragen? Lege dieses Buch kurz zur Seite, und schließe für einen Moment die Augen.
Nimm dir kurz Zeit, und notiere mindestens fünf gute Ideen für dein Buch.

Lerne von (d)einem Vorbild

Er oder sie muss nicht notwendigerweise ein Experte in deinem Fachgebiet sein. Es ist möglich, dass dir jetzt ein Ratgeber-Autor in den Sinn kommt, dessen Bücher auf einem ganz anderen Gebiet dich berührt und begeistert haben. Denke hier auch an Autoren, die es geschafft haben, ihre Bücher im großen Stil zu verbreiten wie Deepak Chopra. Der indische Arzt ist Autor von etwa 60 Ratgebern über Gesundheit, Liebe, Glück und Erfolg (und auch einigen Romanen). Er hat Millionen von Fans auf der ganzen Welt und schreibt scheinbar mühelos einen Bestseller nach dem anderen. Oder vielleicht fällt dir Kurt Tepperwein ein, der im deutschsprachigen Raum ähnliche Erfolge erzielt hat. Eins meiner Vorbilder ist die leider schon verstorbene Vera Birkenbihl. Die Management-Trainerin, Lernexpertin und Sachbuchautorin hat in ihrem ganz eigenen Stil und absolut authentisch mehr als 50 Ratgeber geschrieben und den Horizont so vieler Menschen erweitert. Mich fasziniert auch die beeindruckend produktive Autorin Susanne Hühn. Ihr Anliegen ist es, Menschen zu helfen, den Kontakt zu sich selbst wiederherzustellen und aus sich selbst

heraus glücklich und erfüllt zu leben. Sie hat weit über 50 Ratgeber geschrieben und mit großem Erfolg veröffentlicht.
Entschließe dich jetzt: Mit welchem Autor oder welcher Autorin möchtest du nun in deiner Vorstellung sprechen und dich von ihm/ihr beraten lassen? Grüble nicht lange, bleibe bei dem ersten spontanen Impuls.
Führe nun ein Vieraugengespräch. Lies dir dazu die folgende Anleitung erst einmal ganz durch. Anschließend kannst du beim zweiten Lesedurchgang in deinem eigenen Tempo parallel mitarbeiten und schreiben.
Suche dir einen ruhigen Ort, an dem du für eine Weile ungestört bist, und lege dir Papier und Stift bereit.
Wähle, ob du das innere Gespräch zuerst komplett in der Innenschau mit geschlossenen Augen führen und erst anschließend alles aufschreiben oder ob du direkt parallel zum inneren Gespräch mitschreiben möchtest. Dazu stellst du deine erste Frage (und schreibst sie auf, wenn du direkt mitschreiben möchtest) und notierst anschließend die Antwort – ähnlich wie bei einem Diktat. Dann schreibst du deine nächste Frage und die Antwort darauf auf und so weiter. Das führst du so lange fort, bis du auf alle deine Fragen eine Antwort bekommen hast.
Es kann hilfreich sein, wenn du dir vor Beginn eines solchen Vieraugengesprächs ein Foto des Autors oder der Autorin (das du entweder in seinen/ihren Büchern oder auf der Autoren- oder Verlags-Website findest) anschaust.
Stelle dir vor, wie dieser Mensch sich entspannt und erwartungsvoll zu dir setzt. Begrüße ihn oder sie, und danke für diese wunderbare Gelegenheit, mit ihm oder ihr sprechen zu können. Vielleicht möchtest du kurz erklären, warum du diese Wahl getroffen hast. Erzähle, was dir an seinen oder ihren Büchern so gut gefällt. Und was du an ihm als Autor oder ihr als Autorin bewunderst.

Dann stelle kurz deine Buchidee vor, das heißt, worüber du ein Buch schreiben möchtest und warum. Es ist gut möglich, dass dein Gesprächspartner, der dir aufmerksam zuhört, dir schon an dieser Stelle eine wichtige Frage stellt oder dich auf etwas hinweist, woran du bisher noch gar nicht gedacht hast.
Nun stelle ihm oder ihr alle deine Fragen. Du könntest zum Beispiel fragen, wie es möglich ist, in so kurzer Zeit so viele hochwertige Bücher zu schreiben. Oder danach, wie er oder sie das regelmäßige Schreiben für sich organisiert. Wie viele Stunden pro Tag oder Woche er oder sie schreibt und wie regelmäßig. Wie schafft er oder sie es, über so einen langen Zeitraum, über viele Jahre hinweg, motiviert zu bleiben? Was ist sein oder ihr Geheimnis, um immer wieder neue, kreative Buchideen entwickeln zu können? Wie hat er oder sie es geschafft, mit den Büchern so bekannt zu werden und eine riesige Fangemeinde aufzubauen?
Vielleicht hast du noch ganz andere Fragen an dein Vorbild? Nutze jetzt die Chance.
Höre zu, schaue hin, spüre hin, welche Antwort(en) du bekommst.
Verabschiede dich schließlich innerlich, und bedanke dich noch einmal für dieses Gespräch.
Zu deiner Überraschung ergreift jetzt dein Gegenüber deine Hand und sagt: »Nach allem, was du mir über dein Buch erzählt hast, kann ich dich nur ermutigen, es wirklich zu schreiben. Das sage ich dir jetzt als ein Autorenkollege, der viel Erfahrung hat und deshalb neue Buchideen gut einschätzen kann. Lege so bald wie möglich los! Mache dir einen Plan, und bleibe kontinuierlich am Ball. Falls beim Schreiben eine Schwierigkeit oder neue Fragen auftauchen sollten, bin ich gern bereit, mich noch einmal mit dir zu treffen.«
Auch diesen persönlichen, abschließenden Rat solltest du notieren. Er kann vielleicht beim Aufschreiben etwas länger und ausführlicher werden.

Denke daran, anschließend deine wichtigsten Erkenntnisse auch im Anhang festzuhalten.

Schreibimpuls # 10: Verstärkung deines Schreibflusses

Mit dem Schreibimpuls # 4 hattest du bereits einen greifbaren Anker angefertigt, der deine Motivation und Durchhaltekraft für dein Buchprojekt unterstützt. Mit diesem Trick kreierst du jetzt einen weiteren Anker, der deinen Schreibfluss verstärkt. Wähle dazu einen Gegenstand, den du gern anschaust und anfasst. Das könnte beispielsweise ein kleiner, hübscher und angenehm in der Hand liegender Halbedelstein sein. Den hältst du dann, während du schreibst, in deiner ruhenden Hand. Falls du am Computer tippst, lege ihn vor den Bildschirm oder stecke ihn in die Hosentasche. Du kannst bei der Wahl auch die Wirkung, die bestimmten Steinen zugeschrieben wird, berücksichtigen. Zum Beispiel fördert Amethyst die Konzentration. Ein Aventurin verleiht Mut und Optimismus, öffnet den Geist für neue Ideen und steigert die Begeisterungsfähigkeit. Ein Granat gibt Zuversicht und Vertrauen und steigert auch die Kreativität. Ein Mondstein aktiviert den Zugang zur Intuition. Und der Lapislazuli schenkt Inspiration. Oder du kaufst dir ein schönes, luftiges Halstuch, das du (nur) beim Schreiben trägst oder dir umlegst als eine Art magischen Schreibschal. Dabei kannst du die Schwingung und Kraft der Farbe gezielt auswählen: Zum Beispiel steht Rot für Aktivität und Urvertrauen. Orange stärkt den Optimismus und das Selbstvertrauen. Gelb hilft dir, als Licht für andere Menschen zu wirken. Blau aktiviert das Sprachzentrum und das Kommunikationsgeschick.

Und Violett unterstützt die Verbindung zum höheren Bewusstsein. Ein Halstuch ist auch deshalb als Schreib-Anker besonders gut geeignet, weil das Halschakra das energetische Zentrum der Sprachgewandtheit, der authentischen Kommunikation und des Selbstausdrucks ist. Dort geht es darum, den Zugang zu unserer inneren Stimme zu finden und unsere höchste Wahrheit auszudrücken.
Eine befreundete Autorin hat sich zusätzlich zu ihrer regulären Schreibtischlampe eine zweite, besonders schöne und strahlkräftige Lampe zugelegt, die sie nur beim Schreiben und Arbeiten an ihren Büchern anschaltet.
Der Vorteil eines solchen Ankers ist, dass dir bei regelmäßigem Schreiben schon allein durch den Kontakt mit dem Gegenstand der Einstieg ins Texten jedes Mal etwas leichter fallen wird.
Wenn du ein auditiver Mensch bist, kannst du dir auch einen Kraftsatz überlegen, den du laut aussprichst, bevor du dich ans Schreiben setzt. Und du kannst ihn auch nutzen, wenn das Schreiben einmal zähflüssiger werden sollte. Beispiele solcher Sätze kennst du bereits von dem Commitment-Bild aus Schreibimpuls # 2:

- Das Buch in mir, das jetzt geboren werden will, wird mein Schreiben leiten.
- Ich empfange die Inhalte mit Leichtigkeit und verblüffend schnell.
- Ich vertraue meiner Intuition. Mithilfe der Schreibimpulse nimmt mein Buch täglich mehr Gestalt an.
- Oder wie wäre es mit: Je mehr ich dem Buch in mir diene, desto stärker und klarer wird meine Intuition mich leiten.
- Die Wörter fließen schnell und mühelos aufs Papier.

- Meine Kreativität ist unerschöpflich.
- Ich schreibe an einem Buch, das vielen Menschen weiterhelfen wird, weil sie genau dieses Know-how benötigen. Das Buch wird sie ermutigen und ihr Leben verbessern.
- Dieses Buch wird ein Bestseller.

Oder du wählst ein Musikstück aus, das deinen Schreibfluss zu Beginn deiner Sessions stimuliert. Und vielleicht auch, während du schreibst. Es sollte aber möglichst ein instrumentales Stück, ohne Gesang und Text, sein.
Überlege dir ein kleines Ritual für den Einstieg in deine Schreibsessions, damit du sie stets freudig und selbstbewusst beginnst. Und natürlich ist es sinnvoll, deinen Schreibplatz so zu gestalten, dass du dich dort immer gern zum Schreiben hinsetzt.

Das FEUER, das nun entfacht ist, weiter nähren

Wenn du mit den Schreibimpulsen gearbeitet hast, solltest du dich (sofern du das noch nicht getan hast) für das, was du bisher geleistet und geschafft hast, loben. Und vielleicht auch mit etwas Schönem belohnen.
Schreibe bitte jetzt, aufbauend auf dem, was du mithilfe der Schreibimpulse über dein Buch herausgefunden hast, direkt weiter an deinem Manuskript. Nutze den Schreibfluss, nutze den Schwung, den du durch die Arbeit mit den Schreibimpulsen aufgebaut hast. So, wie du bis jetzt lustvoll, kreativ und für dich stimmig das Fundament und die Grundpfeiler deines Buches entschlüsselt hast, genauso schreibe jetzt weiter.
Versprich dir selbst, die kreativen Ideen, die bisher entstanden sind, wertzuschätzen. Versprich dir, dass du diese Einfälle als Fundament nutzen wirst, um darauf nun dein Buchmanuskript aufzubauen.

Umsetzung deines Grundgerüstes

Im Anhang findest du *Das Grundgerüst deines Buches auf einen Blick*. Lies dir das, was du dort notiert hast, jetzt noch einmal durch. Ergänze alle Felder, die bisher (aus welchen Gründen auch immer) noch nicht ausgefüllt sind. Beantworte auf S. 126 im Ab-

schnitt *Dein Schreib-Erfolgsrezept* die Frage: »Was ist das Wichtigste, das ich für mich neu erkannt und gelernt habe?«
Anschließend erstelle spontan, intuitiv und möglichst schnell eine To-do-Liste. Punkte auf dieser Liste könnten beispielsweise sein, die erste Version eines Inhaltsverzeichnisses zu erstellen oder eine Einleitung zu schreiben, die sowohl dich als auch deine Leser packt. Welche theoretischen Grundlagen müssen im Buch erklärt werden, damit es seinen Zweck erfüllt? Führe die Themen einzeln in der To-do-Liste auf. Wird es einen Praxisteil geben? Wie könnte dein Praxisteil aussehen? Erstelle gegebenenfalls auch dafür eine Liste, die du dann einzeln abarbeitest. Möchtest du Fallbeispiele beschreiben? Wenn ja, welche? Auch hieraus ergeben sich dann Punkte für deine To-do-Liste. Was ist aus deiner Sicht außerdem noch für dein Buch zu tun? Die Liste braucht weder perfekt noch komplett zu sein. Du kannst sie später jederzeit ändern oder ergänzen.
Es ist nicht erforderlich, beim Schreiben mit der Einleitung anzufangen. Beginne stattdessen mit den Teilen, mit den Punkten auf der To-do-Liste, die jetzt geschrieben werden wollen. Leg mit den Textabschnitten, mit den Kapiteln, mit den Beispielen los, die es nicht erwarten können, dass du sie endlich zu Papier bringst. Genieße, wie dabei dein Stift wie von allein übers Papier gleitet oder wie deine Finger automatisch über die Tastatur flitzen. Denn das Schreiben sollte auch jetzt weiterhin schnell gehen. Und du weißt ja inzwischen, je schneller du schreibst, desto besser ist der Inhalt. Lasse dich dabei auch weiterhin von deinen inneren Impulsen führen, basierend auf dem, was du persönlich erlebt und für dich erkannt hast. Und basierend auf dem, was für dich den größten Nutzen, die meiste Freude, den durchschlagendsten Erfolg gebracht hat.

Beim Schreiben solltest du darauf achten:

- Was stärkt deinen Schreibschwung, und was motiviert dich?
- Was macht dich müde und erschöpft dich?

Bedenke dabei sowohl äußere Umstände (wie beispielweise die Tageszeit, deine Schreibdauer oder den Ort) als auch, welche Inhalte dir schwerer oder leichter von der Hand gehen als andere. Meine Schreiberfahrung hat mich gelehrt, dass ich Textpassagen, die mir sowohl beim Schreiben als auch später beim Überarbeiten Schwierigkeiten bereitet haben, in vielen Fällen streichen konnte, ohne dass es für den Gesamtkontext einen Unterschied machte.

Wenige Minuten täglich reichen: So bleibst du am Ball

Selbst, wenn du nur wenige Minuten täglich schreibst, kannst du damit auf Dauer verblüffend viel Text produzieren, sofern du es kontinuierlich machst.
Dazu möchte ich dir die *Don't break the chain*-Methode empfehlen. »Don't break the chain« bedeutet auf Deutsch »unterbrich die Kette nicht«. Allein meine Entscheidung, diese Methode zu nutzen, hat mir verblüffend gut geholfen, als ich mit einem meiner Bücher nicht mehr vorankam. Nachdem mein innerer Schweinehund das Buchprojekt monatelang erfolgreich blockiert hatte, stellte ich es mit der *Don't break the chain*-Methode schließlich doch zügig und auch motiviert in relativ kurzer Zeit fertig.
Die Methode stammt vom Komiker Jerry Seinfeld. Um sich seinen beruflichen Traum von der Komiker-Karriere zu erfüllen, hatte er sich zu ihrem Beginn fest vorgenommen, jeden Tag an seinen Sketchen zu schreiben. Er wusste, dass es ihm auf Dauer zu viel wäre, pro Tag eine ganze Szene zu schreiben. Deshalb plante er von vornherein, pro Tag lediglich eine witzige Zeile zu verfassen. Damit stellte er sicher, dass er seinen Vorsatz über einen langen Zeitraum einhalten konnte.
Er hängte sich als Hilfestellung dafür einen einseitigen Jahreskalender an die Wand. Jedes Mal, wenn er an einem Sketch schrieb, auch wenn es nur eine einzige Zeile war, markierte er den entsprechenden Tag mit einem dicken roten Kreuz. Schnell war die Zahl der roten Kreuze auf seinem Kalenderblatt angewachsen. Diese optische Erinnerung an die konsequente Arbeit, die er bereits geleistet hatte, motivierte ihn dann, immer weiter am Ball zu bleiben. Sein wichtigster Motivationstrick war dabei sein fester Entschluss: »Ich unterbreche die Kette der roten Kreuze nicht.«

Probiere das für dein Buchprojekt aus! Besorge dir einen einseitigen Jahreskalender, und hänge ihn gut sichtbar in deiner Wohnung auf.

Fasse einen realistischen Vorsatz. Plane dein tägliches Pensum so, dass du es leicht schaffen kannst. Auch dann, wenn in deinem Leben etwas Unerwartetes dazwischenkommt. Du wirst feststellen, dass dich allein die Tatsache, dass du täglich deinen Schreibvorsatz einhältst, innerlich aufbaut und dein Selbstbewusstsein als angehender Autor enorm stärkt. Es wird dich auch motivieren, dranzubleiben, sodass deine Kreuzekette und damit auch dein Manuskript immer länger werden.
Wie viele Minuten täglich willst du in dein Buch investieren? Lege eine Zeitspanne fest, an die du dich halten kannst, auch wenn sich unerwartet zusätzliche Aufgaben oder Verpflichtungen an deinem Arbeitsplatz, in der Familie oder in deiner Freizeit ergeben. Plane nicht mehr als 10 Minuten pro Tag ein. Das garantiert, dass du es tatsächlich schaffst, konsequent und kontinuierlich an deinem Buchmanuskript zu arbeiten. Auch für nur fünf Minuten am Tag zu schreiben, ist völlig in Ordnung.

Länger zu schreiben, ist natürlich erlaubt. Der tägliche Zeitraum, auf den du dich festlegst, bedeutet nicht, dass du nach den vereinbarten 5 oder 10 Minuten aufhören musst, zu schreiben. Wenn es gerade schön fließt, kannst du auch länger an deinem Buchmanuskript arbeiten. Du schreibst täglich so lange, wie es dir Freude macht und in deinen Tagesablauf passt. Mindestens jedoch so lange, wie du es festgelegt hast.

Auch auszusetzen, ist gelegentlich erlaubt. Jeder von uns wird mal krank oder ist aus anderen Gründen verhindert oder möchte einfach einmal einen Tag pausieren. Eine gute Lösung dafür ist, von vornherein eine feste Zahl von Schreib-Urlaubstagen pro Monat einzuplanen. Im Schreib-Urlaub markierst du die entsprechenden Tage mit einem blauen »U«. So musst du deine Kette nicht durchbrechen und hast auch nicht geschummelt. Krankheitstage kannst du mit einem »K« kennzeichnen.

So schaffst du es, kontinuierlich an deinem Buch weiterzuarbeiten. Mit der *Don't Break the Chain*-Methode motivierst du dich, dich (fast) täglich hinzusetzen und zu schreiben. Du wirst dabei merken, dass es dir von Tag zu Tag leichter fällt. Die Kette der roten Kreuze an der Wand motiviert, immer weiterzumachen.

Statt der roten Kreuze kannst du auch kleine goldene, selbstklebende Herzsticker verwenden (gibt es in Hunderterpackungen in Schreibwarengeschäften). Ich benutze die Methode selbst phasenweise beim Schreiben. Die Wirkung ist verblüffend.

Wenn du es schaffst, über ein ganzes Jahr kontinuierlich an deinem Autorentraum zu arbeiten, wirst du vermutlich sogar mehr als nur ein Buchmanuskript fertigstellen. Vielleicht entstehen sogar zwei oder drei Bücher.

Ein kleiner, raffinierter Zusatztrick, den du als Autor für dich nutzen kannst: Sicher kennst du das Prinzip von Rabatt- oder Treuekarten. Sie sind ein altbewährter Marketingtrick, der häufig im Einzelhandel genutzt wird. Unser Bäcker verteilt zum Beispiel eine Karte für den Kauf von Brotlaiben. Sie sieht so ähnlich aus wie diese:

Bei jedem Brotkauf erhält man einem Stempel, und das zehnte Brot ist dann kostenlos.
Noch ein bisschen raffinierter (und wirkungsvoller!) sind solche Rabattkarten, die den in uns Menschen natürlich angelegten Impuls, einmal Angefangenes zu Ende bringen zu wollen, nutzen:

Merkst du den Unterschied? In beiden Fällen muss der Kunde 9 Brote kaufen, um das zehnte kostenlos zu erhalten. Aber bei der zweiten Karte ist der Impuls, diesen Vorteil für sich zu nutzen, stärker.
Das Prinzip kannst du bei der *Don't Break the Chain*-Methode für dich nutzen. Setze dazu, nachdem du den Jahreskalender aufgehängt hast, sofort dein erstes rotes Kreuz. Zu Recht, denn der Kauf oder das Downloaden, Ausdrucken und Aufhängen haben dich ja tatsächlich mindestens 5 Minuten gekostet. 5 (oder mehr) Minuten, die du in dein Buchprojekt investiert hast.
Nimm dir jetzt kurz Zeit, schließe deine Augen, und stelle dir vor, dass dein *Don't Break the Chain*-Kalender schon an der Wand hängt. Nun läuft in deiner Vorstellung die Zeit wieder weiter, erst um eine Woche, dann um zwei, dann um einen ganzen Monat und um zwei: Schaue hin, wie dabei die Kette der roten Kreuze auf deinem Kalender wächst.
Spürst du, wie dein inneres Feuer geschürt wird? Wie stolz du bist, wenn du schon so viele Tage an deinem Buch gearbeitet hast? Stelle dir weiter vor, wie du erstaunt feststellst, dass in deinen vielen kleinen Schreibsessions erstaunlich viele Manuskriptseiten entstanden sind. Dein Traum, endlich Autor zu werden, rückt immer näher, je länger deine Kette wird.
Nun liegt es an dir, ob du diesen Traum sofort angehen wirst, vielleicht heute noch. Oder erst in zwei bis drei Wochen. Oder erst in einigen Monaten. Oder, ob du ihn wieder für unbestimmte Zeit auf Eis legen wirst, so, wie du es wahrscheinlich früher gemacht hast.
Ich hoffe, du merkst jetzt, dass diese Vorstellung dich enorm stört. Triff deshalb die Entscheidung, dass du innerhalb der nächsten 72 Stunden beginnen wirst. Die sogenannte 72-Stunden-Regel kommt aus dem Coaching und besagt, dass ein geplan-

tes Vorhaben, mit dessen Umsetzung man nicht innerhalb von 72 Stunden beginnt, mit sehr großer Wahrscheinlichkeit im Alltag wieder ganz untergeht und dann nie umgesetzt wird.

TIPP:

Volle Konzentration auf deinen Text
Bei den Recherchen für dieses Buch habe ich die kostenlose und leicht bedienbare Software *FocusWriter**, die es auch auf Deutsch gibt, entdeckt. Sie hilft dabei, sich beim Schreiben voll auf den Text zu konzentrieren, denn sie ist eine Vollbild-Textbearbeitung ohne jegliche Ablenkung, bei der die Bedienelemente nur dann eingeblendet werden, wenn man die Maus an den oberen oder unteren Bildschirmrand bewegt. Zudem kann ein Tagesziel festgelegt werden, um beispielsweise mindestens 10 Minuten oder 300 Wörter lang zu schreiben. Der aktuelle Fortschritt wird in Prozent am unteren Bildschirmrand angezeigt. Und es werden über die Zeit hinweg Statistiken über den Schreibfortschritt in Kalenderform geführt.

Mit regelmäßig konsequent ausgeführten Minischritten kommst du erstaunlich leicht zum kompletten Manuskript. Bleibe am Ball. Nutze die *Don't break the chain*-Methode und das, was du bereits im Anhang zusammengetragen hast. Du wirst merken, dass dir das Texten mit jedem Tag, den du regelmäßig schreibst, immer leichter fallen wird und dass dein Selbstvertrauen dabei stetig zunimmt. Verblüffend schnell bist dann auch du »endlich Autor«!

* https://gottcode.org/focuswriter.

NACHWORT

Ich freue mich, dass dieses Buch den Weg zu dir gefunden hat und dass du es gelesen hast. Ich wünsche dir von Herzen, dass nun das Feuer deiner Schreibleidenschaft entzündet ist.
Auf dem Weg zum eigenen Buch kann es dir eine gute Unterstützung sein, einem vertrauten Menschen von dem, was du dir vorgenommen hast, zu erzählen. Noch besser wäre es, demjenigen deinen Vorsatz und Plan zu schreiben. Wähle dafür einen guten Freund. Oder maile es gern auch mir unter info@kiraklenke.de. Beschreibe kurz und klar, worum es in deinem Buch geht. Was ist deine Botschaft? Worin begründet sich deine Leidenschaft für dieses Thema, und warum ist es so wichtig für deine zukünftigen Leser? Wie stellst du sicher, dass du ab jetzt kontinuierlich so lange weiter am Manuskript schreibst, bis die Rohfassung steht?
Ich wünsche dir, dass du nun schon bald »endlich Autor« bist!
Es würde mich freuen, wenn du mir von deinem Erfolg berichtest unter info@kiraklenke.de. Auch deine Fragen beantworte ich gern. Vielleicht möchtest du mir ein Exemplar deines Buches schicken, wenn es veröffentlicht wurde? Ich würde gern lesen, in welcher Form du deinen Lesern deine Herzensbotschaft und dein Geschenk übermittelst.
Glaube mir, es ist viel leichter, als du bisher dachtest. Und ich weiß, du kannst es schaffen.

Viel Erfolg!
Kira Klenke

ANHANG: Das Grundgerüst deines Buches auf einen Blick

Hier kannst du deine wichtigsten Einsichten aus allen Schreibimpulsen zusammentragen. So werden sich aus all dem, was du dir bereits in Einzelschritten erarbeitet hast, weitere, maßgeschneiderte Schreibimpulse und Aufgaben für dein Buchmanuskript ergeben. Wundere dich nicht, dass die Schreibimpulse hier nicht der Reihenfolge nach geordnet sind. Sie folgen einer eigenen Chronologie, was dazu dient, deine bisher einzeln gewonnenen Einsichten zusammen aus einem neuen Blickwinkel zu betrachten und sie neu miteinander zu verknüpfen.

Für den Fall, dass du nicht hier ins Buch schreiben willst oder der Platz nicht ausreicht, findest du alle Seiten des Anhangs auch zum Download (als PDF im DIN-A4-Format) auf www.KiraKlenke.de/downloads-endlichautor.

Dein Warum

Fazit aus **Schreibimpuls # 1:** *Worum geht es in dem Buch?*

Worum geht es in deinem Buch? Was ist deine Botschaft?

....

....

....

....

....

....

Worin begründet sich deine Leidenschaft für dieses Thema, warum ist es so wichtig für dich? Und wieso ist dein Buch wichtig für die zukünftigen Leser?

....

....

....

....

....

....

Erkenntnisse aus **Schreibimpuls # 6:**
Was sagen die Leser?

Weitere Gründe, warum es wichtig ist, dass du dein Buch endlich schreibst, sind:

Welchen Menschen hilft dein Buch in welcher Lebenssituation weiter?

Wofür brauchen sie das Wissen, deine Botschaft und deine Hinweise so dringend? Auf welche Weise hilft ihnen dein Buch, ihr (Berufs-)Leben und Herausforderungen besser zu meistern als bisher?

Erkenntnisse aus **Schreibimpuls # 8:** *Welchen Zuwachs an Lebensqualität bringt dein Buch den Lesern?*

Wodurch wächst jetzt dein Vertrauen in die Botschaft, die du in die Welt bringen willst?

....

....

....

....

....

....

....

....

....

....

....

....

....

....

Ideen für die Umsetzung

Erkenntnisse aus **Schreibimpuls # 3:** *Stelle dir vor, dein Traum ist wahr geworden*

Idee(n) für deinen Buchtitel:

....

....

....

....

....

Idee(n) für das Coverbild:

Ideen für den Klappentext: Mit diesen Argumenten überzeugst du deine zukünftigen Leser. Das bringt es ihnen, dein Buch zu lesen.

....

....

....

....

....

....

....

....

Idee(n) für Inhalte und Kapitel des Buches sind:

....

....

....

....

....

Von dem, was die Buchhändlerin aus der Zukunft über dein Buch und seinen Erfolg gesagt hat, hat dich Folgendes am meisten berührt und motiviert:

Ergänze dies jetzt durch deine Einsichten aus dem Kapitel *Sechs Gründe, warum du bisher mit deinem Buch noch nicht weitergekommen bist:*

Dort ging es unter anderem darum, wie erfolgreiche Firmen mit einem Zuwachs an Lebensqualität werben, den ihre Kunden durch das entsprechende Produkt erlangen. Mittlerweile hast du viele Infos über dein Buch gesammelt. Überlege auf der Basis deines heutigen Wissensstandes noch einmal: »Was kann ich

aus diesen Werbespots für mich lernen? Wie könnte ich diesen Marketing-›Trick‹ für die Darstellung meines Buches nutzen? Wie kann ich analog einen ähnlich guten Aufhänger für meine Inhalte finden?«

Erkenntnisse aus **Schreibimpuls # 9:**
Ein inspirierendes Vorbild

Teil 1

Welche neuen Ideen hast du für dein Buch bekommen?

1. ……………………………………………………………

2. ……………………………………………………………

3. ……………………………………………………………

4. ……………………………………………………………

5. ……………………………………………………………

Teil 2

Welche guten Hinweise hast du im Vieraugengespräch mit deinem Vorbild erhalten?

1. ……………………………………………………………

2. ……………………………………………………………

3. ……………………………………………………………

4. ……………………………………………………………

5. ……………………………………………………………

Es ist möglich, dass einige dieser Hinweise schon in den ersten Kasten des nächsten Abschnitts gehören, zu deinem Erfolgsrezept.

Dein Schreib-Erfolgsrezept

Was ist das Wichtigste, das du für dich erkannt und gelernt hast?

....

....

....

....

....

....

....

....

....

....

....

Zur Stärkung deiner Motivation und der Durchhaltekraft beim Schreiben nutze die Attrappe deines zukünftigen Buches aus dem Schreibimpuls # 4: *Dein Buch aus der Zukunft greifbar ins Jetzt holen.*

Dein Schreib-Erfolgsanker (aus **Schreibimpuls # 10**) ist:

Dein Ritual für den Einstieg in deine Schreibsessions, damit du sie freudig und selbstbewusst beginnst, ist:

Erkenntnisse aus **Schreibimpuls # 5: Musenkuss**

Wer oder was ist die schönste und beste Inspirationsunterstützung für dich?

....

....

....

....

....

Was kannst du tun, damit du beim Schreiben auf diese Unterstützung zählen kannst?

....

....

....

....

....

....

Das ist nun zu tun

Nutze den Schreibfluss, nutze den Schwung, den du durch die Arbeit mit den Schreibimpulsen bisher aufgebaut hast. Arbeite mit für dich und dein Buch maßgeschneiderten Schreibimpulsen bzw. Schreibaufgaben weiter.
Lies dir dazu alles, was du hier im Anhang zusammengetragen und auf den Punkt gebracht hast, jetzt noch einmal durch. Dann erstelle darauf aufbauend spontan, intuitiv und möglichst schnell eine To-do-Liste für die Umsetzung deines Grundgerüstes. Anregungen und Beispiele für solche To-dos findest du im Abschnitt *Umsetzung deines Grundgerüstes.*

To-do-Liste für die Umsetzung meines Grundgerüstes

1. ....

2. ....

3. ....

4. ....

5. ....

6. ....

7. ....

8. ....

Für Schreibimpuls # 2 und Schreibimpuls # 7 (beide sind durch dich zu ergänzende Bildvorlagen) brauchst du hier im Anhang nichts zusätzlich zu notieren.

Über die AUTORIN

Kira Klenke ist pensionierte Professorin und erfolgreiche Autorin von Selbsthilfe-Ratgebern. Mit über 40 Jahren Erfahrung als Dozentin in der Erwachsenenbildung ist sie überzeugt, dass in jedem Menschen sehr viel mehr steckt, als er selbst denkt.
Bereits vor 35 Jahren hat Kira Klenke das intuitive Schreiben für sich entdeckt, das zu ihrer größten Leidenschaft geworden ist. Es fasziniert sie bis heute noch genauso wie am ersten Tag, was entsteht und sich schreibend zeigt, wenn das rationale Denken außen vor bleibt.
Der Schwerpunkt ihrer Arbeit ist heute, Menschen den Zugang zu deren eigener Intuition und inneren Führung zu zeigen. Sie unterstützt Menschen dabei, eigene, individuell maßgeschneiderte Lösungen zu finden, sodass sie das realisieren und leben können, wovon sie träumen und was ihnen zusteht. Kira Klenke hat dafür eigene Techniken entwickelt, mit denen innerhalb kurzer Zeit große Fortschritte und Transformation stattfinden.

www.kiraklenke.de
www.facebook.com/kira.klenke.autorin
www.pinterest.de/kiraklenke

Danke für deine REZENSION

– Gemeinsam sind wir mehr –

Liebe Leserin, lieber Leser,
von Herzen danken wir dir, dass du dieses Buch in den Händen hältst und es bis zum Ende gelesen hast. Das bedeutet uns, dem Schirner Verlag und seinen Autoren, sehr viel. Aus voller Überzeugung und mit Hingabe widmen wir uns seit vielen Jahren Themen, die unser aller Lebensqualität und Bewusstwerdung dienlich sind, und hoffen, einen Beitrag für eine lichtvollere Welt leisten zu können. Wenn dir unsere Arbeit gefällt, möchten wir dich bitten, dir einige Minuten Zeit zu nehmen, um dieses Buch zu rezensieren. Warum? Die meisten Menschen lesen Rezensionen, bevor sie ein Buch kaufen, da sie hierdurch einen Eindruck bekommen, ob und wie der Inhalt des Buches den Leser erreicht hat. Eine kurze Rezension ist dabei ebenso hilfreich wie eine lange, sehr ausführliche. Um es auf den Punkt zu bringen:

Eine Rezension ist heutzutage die beste Werbung für ein Autorenwerk!

Wenn du den Schirner Verlag und seine Autoren neben dem Buchkauf auch anderweitig unterstützen willst, dann bitten wir dich: Schreibe für jedes Werk eine Rezension – vielleicht als persönliche Leseempfehlung für die Buchhandlung in deiner Nähe oder online, z. B. beim Schirner Verlag. Das wäre nicht nur eine Wertschätzung für die Autoren, sondern kann dazu beitragen, dass die Verkaufszahlen steigen und der Schirner Verlag auch in herausfordernden Zeiten Bestand hat.

WIE SCHREIBT MAN EINE REZENSION?

Grundsätzlich sollte eine Rezension aus der eigenen, subjektiven Sicht geschrieben werden, da es sich um eine persönliche Meinung handelt. Du kannst in zwei Sätzen deine Gedanken zu dem Buch äußern oder eine längere Rezension verfassen. Falls du nicht weißt, wie du beginnen sollst, hier ein paar Anregungen:

- War das Buch leicht verständlich geschrieben? Wie hat dir die Sprache gefallen? Wie empfandest du die Aufteilung der verschiedenen Themen?
- War es unterhaltsam? War es deiner Meinung nach mit Herzblut und Liebe geschrieben? Wie hat es auf dich gewirkt?
- Hat es dein Herz berührt? Konntest du dich wiederfinden?
- War es tief greifend genug? Hast du viel Neues gelernt?
- Hat es gehalten, was der Titel und die Buchbeschreibung versprochen haben? Hat es deine Erwartungen erfüllt?
- Was macht das Buch besonders? Warum sticht es heraus im Vergleich zu anderen Büchern, die ein ähnliches Thema behandeln?
- Würdest du das Buch weiterempfehlen oder verschenken?

Dankeschön

lesen, fliegen, landen
Schirner Verlag

Bildnachweis

Bilder von der Bilddatenbank www.shutterstock.com:

Layoutelemente: Buch oben rechts: # 506824573 (© AnnyStudio), Notizzettel unten: # 1568365444 (© Mint Yaowarat), Notizzettel Tipp & Teil: # 110023949 (© jannoon028), Hintergrund Infobox: # 85428634 (© rangizzz)

S. 3: # 525995362 (© Peshkova), S. 8: # 94066828 (© Ollyy), S. 13: # 616788974 (© Roman Kosolapov), S. 14: # 1726408606 (© Nikateos), S. 16: # 531804850 (© Peshkova), S. 18: # 315382934 (© Dragon Images), S. 19 oben: # 526829248 (© Rawpixel.com), unten: # 93221551 (© Rido), S. 20: # 1068647210 (© ra2 studio), S. 21: # 1078916468 (© ShotPrime Studio), S. 22/23: # 284602652 (© Alix Kreil), S. 27: # 119791579 (© Ollyy), S. 30: # 613819550 (© ImageFlow), S. 32: # 701484694 (© pathdoc), S. 34: # 1434051011 (© PATCHARIN SIMALHEK), S. 37: # 687707965 (© Sasin Paraksa), S. 45: # 220261183 (© patpitchaya), S. 46: # 1708876276 (© Billion Photos), S. 48/49: # 1807301686 (© LightField Studios), S. 51: # 1256985190 (© Cristina Conti), S. 52: # 272598053 (© Lolostock), S. 54: # 1232780131 (© simona pilolla 2), S. 56: # 127823795 (© Ollyy), S. 61: # 225307594 (© everst), S. 62/63: # 355058462 (© Africa Studio), S. 64: # 1585685068 (© Mimma Key), S. 66: # 1011079657 (© Viktoriia Hnatiuk), S. 68: # 1140979967 (© Chinch), S. 70: # 1702787302 (© Jure Divich), S. 73: # 1491910001 (© Valeriy Karpeev), S. 74: # 423324397 (© Have a nice day Photo), S. 79:# 377836510 (© Sergey Furtaev), S. 80: # 658438873 (© Teechai), S. 86 links: # 88270750 (© Kjpargeter), rechts: # 1434051011 (© PATCHARIN SIMALHEK), hinten: # 307172792 (© Atstock Productions), S. 91: # 1127180153 (© Makistock), S. 92 oben: # 88270750 (© Kjpargeter), unten: # 559451713 (© Lisa Kolbasa), S. 94: # 340864385 (© BrAt82), S. 101: # 639111112 (© LightField Studios), S. 102: # 1064458370 (© GaudiLab), S. 105:# 248295127 (© fototip), S. 107: # 1730541571 (© Porcupen), S. 109 Karte: # 1719013798 (© Estudio Conceito), Stempel: # 1222824913 (© yayasya), S. 113: # 1618124554 (© New Africa), S. 117: # 273425075 (© goldnetz), S. 119: # 1417983674 (© Cristina Conti), S. 120: # 790551316 (© Africa Studio), S. 123: # 1033911043 (© Michael Julius Photos), S. 124: # 1713946996 (© Smit), S. 127: # 1407200162 (© GerardvandeWerken), S. 128: # 1120183676 (© PV productions), S. 131: # 1465411091 (© Ralf Geithe), S. 132: # 1536338300 (© fizkes)